Les risques cardiaques liés au cannabis

Un chirurgien cardiaque explique les dangers cachés du cannabis pour le cœur et les poumons.

Jessica Hintz,
États-Unis, 2025

Imprimer

Titre du livre : Les risques cardiaques liés au cannabis
Sous-titre du livre : Un chirurgien cardiaque explique les dangers cachés du cannabis pour le cœur et les poumons
Auteure : Jessica Hintz

Auteure : Jessica Hintz
Contact : boxingboy898337@gmail.com

Préface

Les risques cardiaques liés au cannabis : un chirurgien cardiaque explique les dangers cachés du cannabis pour votre cœur et vos poumons

Depuis plus de vingt-cinq ans, j'ouvre la poitrine de mes patients, répare des cœurs endommagés et constate de visu les ravages que des décennies de choix de vie peuvent causer au corps humain. J'ai opéré des fumeurs, des diabétiques, des marathoniens, des adolescents atteints de malformations congénitales et des personnes âgées luttant contre les effets du temps. Mais au cours de la dernière décennie, j'ai commencé à observer une tendance qui remettait en question tout ce que j'avais appris et toutes les idées reçues : des patients qui n'avaient jamais fumé une seule cigarette, mais dont les poumons étaient aussi noircis et malades que ceux de fumeurs invétérés. Des patients souffrant d'obstructions coronaires sévères qui affirmaient mener une vie saine, faire de l'exercice, bien manger et éviter tous les facteurs de risque cardiovasculaires habituels.

Quand j'ai demandé ce qu'ils*a fait*En pratique, la réponse était presque toujours la même :

« Uniquement du cannabis. Mais c'est naturel, donc c'est sans danger. »

Leur sincérité était réelle. Leur croyance était réelle. Mais leurs corps racontaient une autre histoire.

Dans les blocs opératoires du pays, les chirurgiens constatent le même phénomène : une importante coloration pulmonaire, une inflammation des voies respiratoires, des lésions artérielles prématurées et des obstructions inattendues chez des personnes dont la seule exposition à la fumée provient du cannabis. Pourtant, en dehors des hôpitaux, un tout autre discours prévaut : celui qui présuppose que le cannabis est inoffensif parce qu'il est « biologique », « à base de plantes » ou « naturel ».

Ce livre n'a pas pour but de juger, de critiquer ou de moraliser. Mon objectif est simple :

Fournir les faits que trop de gens n'ont jamais entendus — des faits qui pourraient sauver des vies.

Le cannabis est aujourd'hui plus puissant qu'il y a quelques décennies. On l'inhale différemment du tabac. Le mouvement de légalisation a involontairement brouillé la frontière entre « légal » et « sans danger ». Et la culture du bien-être l'a rebaptisé comme un remède inoffensif contre le stress. Dans ce contexte, la science peine à suivre le rythme, et même lorsqu'elle y parvient, ses découvertes atteignent rarement ceux qui en ont le plus besoin.

Ce livre est ma tentative de combler ce fossé.

Elle repose sur des recherches évaluées par des pairs, des données cliniques et, surtout, des années d'étude directe des poumons, des artères et du cœur endommagés par une consommation chronique de marijuana. Si la marijuana peut avoir des applications médicales et être moins nocive que le tabac dans certains cas, la fumer est...*pas*Un acte sans risque. La fumée, quelle que soit sa source, a des conséquences. Les poumons sont faits pour l'air, rien de plus. Et le cœur, contrairement à l'opinion publique, ne fait pas de distinction entre « organique » et « synthétique ».

J'ai écrit ce livre car nombre de patients venus me consulter pour une grave maladie cardiaque ou pulmonaire ont été stupéfaits d'apprendre que leur consommation quotidienne de marijuana y avait contribué. Ils n'en avaient aucune idée. Personne ne les avait prévenus. Et lorsqu'ils sont arrivés sur ma table d'opération, le mal était déjà fait.

Si ce livre réussit ne serait-ce qu'une seule chose — à aider une seule personne à faire un choix plus éclairé —, alors il aura atteint son objectif.

Pas de tactiques alarmistes. Pas d'exagérations. Juste la vérité telle que la médecine la perçoit.

—Jessica Hintz
Décembre 2025

CONTENU

Chapitre 1 – L'illusion organique : pourquoi les gens pensent que fumer du cannabis est sans danger

Depuis des décennies, on conditionne les gens à croire que tout ce qui est « naturel » est forcément inoffensif, voire bénéfique. Cette idée est si profondément ancrée dans la culture moderne que la simple mention de quelque chose comme étant naturel est devenue synonyme de dangerosité.*organique*Cela semble désamorcer toute prudence. Le cannabis, plus que toute autre substance peut-être, a été au cœur de cette illusion. Avec la légalisation et l'essor des réseaux sociaux qui ont auréolé la plante d'une image de bien-être inoffensive, la croyance que fumer du cannabis ne comporte que peu ou pas de risques s'est muée en une évidence collective, bien au-delà d'une simple habitude, pour devenir une vérité culturelle.

Cette illusion naît d'un simple malentendu linguistique. Lorsqu'on qualifie une substance de naturelle, l'esprit humain a tendance à en atténuer les aspects négatifs. Un instinct psychologique nous pousse à assimiler naturel et inoffensif, comme si la terre elle-même ne produisait rien de nocif. On oublie que nombre des substances les plus mortelles – la ciguë, l'arsenic, la belladone, les champignons vénéneux, le tabac – sont entièrement naturelles. Pourtant, le monde moderne a accolé ce terme à la nature.*organique*De l'alimentation aux produits de soin de la peau en passant par les plantes médicinales, une aura de pureté s'étend même aux produits présentant des risques avérés. Le cannabis a été enveloppé dans cette aura par des décennies de discours culturels. Il est perçu comme ancestral, naturel, cultivé dans la terre plutôt que synthétisé en laboratoire, et donc présumé exempt des dangers généralement associés aux substances chimiques toxiques.

Les racines de cette illusion sont profondes et remontent à des générations qui considéraient le cannabis comme un symbole de rébellion plutôt que comme un objet d'étude scientifique. D'anciens mouvements culturels l'ont idéalisé comme une échappatoire inoffensive, une plante qui semblait offrir du réconfort sans conséquences. Les années 70 et 80 ont façonné un discours où les consommateurs de cannabis opposaient fièrement leur choix à l'image plus sombre de l'alcool ou des drogues dures. On se transmettait des histoires de personnes qui fumaient depuis des années sans rencontrer de problèmes majeurs, et ces anecdotes sont devenues des preuves en soi. L'idée s'est alors ancrée que le cannabis était le plus doux des vices, quelque chose de doux et indulgent – presque un rituel de santé plutôt qu'une habitude.

L'influence générationnelle ne s'est pas arrêtée là. À mesure que de nouvelles générations de jeunes s'intéressaient au cannabis, elles héritaient de la perception plus nuancée des générations précédentes. Elles ont grandi en entendant dire que le cannabis n'était qu'une plante, moins dangereuse que la cigarette, et qu'elle n'entraînait pas les mêmes effets à long terme que le tabac. Certaines ont même vu leurs grands-parents ou leurs parents en consommer à des fins récréatives sans conséquences néfastes apparentes. Ces exemples, même limités ou incomplets, ont renforcé la conviction que le cannabis était la forme de tabagisme la moins nocive, si tant est qu'on puisse parler de tabagisme.

Mais un autre facteur a alimenté cette illusion : le changement culturel qui a accompagné la légalisation. À mesure que les lois évoluaient d'un pays à l'autre, beaucoup ont interprété l'acceptation légale comme une validation médicale. On a commencé à supposer que si les gouvernements autorisaient la vente de marijuana, c'est qu'elle avait forcément fait l'objet de contrôles scientifiques rigoureux. La légalisation a créé un climat de sécurité illusoire, dépassant largement les intentions initiales. Nombreux sont ceux qui n'ont jamais réalisé que la légalisation était souvent motivée par des raisons sociales et politiques, et non uniquement médicales. Le public fait rarement la distinction entre réglementation et approbation. Lorsque des dispensaires apparaissent à la place des anciens débits de boissons, et que des menus attrayants proposent des descriptions de variétés qui ressemblent davantage à des étiquettes de thé qu'à des mises en garde concernant les médicaments, la conclusion inconsciente se renforce : c'est forcément sans danger.

Le marketing a joué un rôle déterminant dans la construction de cette perception. Les dispensaires ressemblaient rarement à des pharmacies ou des cliniques ; ils paraissaient au contraire confortables, artistiques, voire luxueux. Les produits étaient conditionnés dans d'élégantes boîtes métalliques ou des sachets écologiques, les étiquettes ornées de feuilles, de couleurs douces et de polices inspirées par la nature. Leurs noms apaisants évoquaient le calme, la créativité ou la guérison. Tout, dans la présentation, était conçu pour donner une impression de bien-être, contribuant ainsi à l'idée que les risques étaient minimes. Lorsqu'un produit est vendu dans un magasin moderne et lumineux, avec des plantes en pot dans un coin et une musique relaxante en fond sonore, il devient difficile d'imaginer qu'il puisse nuire aux poumons ou au cœur.
Les réseaux sociaux ont amplifié cette illusion jusqu'à la transformer en une croyance largement répandue. Sur les plateformes regorgeant de courtes vidéos et d'images soigneusement sélectionnées, le cannabis est souvent présenté comme un accessoire de mode plutôt que comme une substance aux conséquences physiologiques. On y voit des créateurs rouler des joints avec aisance, expirer la fumée dans l'air du coucher de soleil ou parler à voix basse des bienfaits relaxants du cannabis. Les commentaires sous ces publications reprennent souvent le même discours : le cannabis serait moins nocif que l'alcool, que les cigarettes, que le stress. Les internautes font défiler ces images sans se rendre compte qu'aucune ne montre le coût biologique de la fumée inhalée ni son impact réel sur le système cardiovasculaire.

Une autre facette de cette illusion résidait dans la comparaison faite entre le cannabis et le tabac. Nombreux étaient ceux qui pensaient que, puisque le cannabis était dépourvu de nicotine et n'était pas associé aux grandes entreprises du tabac, il devait être un choix plus sain. Ils supposaient que le tabac, à lui seul, causait le cancer du poumon ou la bronchite chronique, ignorant que la combustion de toute matière végétale libère des substances chimiques nocives et des particules toxiques. Certains consommateurs se persuadaient même que leur méthode d'inhalation était plus douce, ou que leur consommation était moins fréquente, et qu'ils ne s'exposaient donc pas à des risques importants. Ces comparaisons leur permettaient de justifier leurs habitudes en croyant que le cannabis était le moindre mal.

L'industrie du bien-être a exercé sa propre influence. Avec l'arrivée massive de produits à base de CBD sur le marché, la frontière entre bienfaits médicaux et usage récréatif s'est estompée. Huiles, gommes, teintures et lotions étaient commercialisées pour leurs vertus contre l'insomnie, l'anxiété et l'inflammation. On y trouvait des allégations à consonance scientifique associées à des termes comme cannabinoïdes et terpènes. Bien que le CBD et le THC diffèrent considérablement par leurs effets et leurs risques, le consommateur moyen les confondait souvent sous l'appellation générale de bienfait thérapeutique. Si le CBD était bon pour la santé, pensaient-ils, le cannabis fumé ne pouvait pas être bien meilleur. Une plante qui soulageait l'anxiété ou la douleur sous une forme ne pouvait certainement pas être nocive sous une autre. La culture du bien-être, en cherchant à promouvoir les remèdes naturels, a involontairement alimenté une méconnaissance de l'innocuité du cannabis inhalé.

La dimension psychologique de cette illusion est peut-être la plus puissante. L'être humain a tendance à se fier davantage à son expérience personnelle qu'aux données scientifiques. Si une personne fume du cannabis et se sent calme au lieu d'être malade, elle percevra l'expérience comme bénigne. L'absence de dommage immédiat convainc le cerveau qu'il n'y a pas de danger caché. Le corps n'envoie pas de signaux évidents indiquant que les poumons se recouvrent de goudron ou que les artères subissent une inflammation subtile. Comme les conséquences se développent silencieusement au fil du temps, le cannabis paraît inoffensif sur le moment. Cela renforce la croyance que le risque est faible, voire inexistant. L'esprit recherche un retour d'information rapide et, en son absence, il présume que le risque est nul.

On sous-estime également les risques lorsque le danger semble lointain ou abstrait. L'idée de maladie cardiaque ou de lésions pulmonaires paraît concerner les personnes âgées ou les gros fumeurs, et non ceux qui fument quelques joints le week-end ou consomment du cannabis pour s'endormir. On imagine les dommages comme quelque chose de dramatique et d'immédiat, et non comme une accumulation lente et silencieuse, à leur insu. Comme les premiers stades d'atteinte cardiovasculaire ou d'irritation pulmonaire ne présentent pas de symptômes spectaculaires, les consommateurs pensent être à l'abri. Ce faux sentiment d'immunité renforce la croyance que le cannabis est exceptionnellement doux.

De plus, le discours culturel autour du cannabis se concentre souvent sur ses bienfaits potentiels, passant sous silence les risques. On entend parler de sa capacité à réduire les nausées, à stimuler l'appétit ou à soulager l'inconfort dans un contexte médical. On entend parler de son utilisation par les patients atteints de cancer ou souffrant de douleurs chroniques. On découvre des variétés conçues pour la relaxation ou la créativité. On regarde des documentaires où des experts discutent de son potentiel thérapeutique. Tout cela contribue à une vision unilatérale qui met l'accent sur la polyvalence et les vertus curatives plutôt que sur les conséquences de la fumée sur le cœur et les poumons. Même lorsque les risques sont reconnus, on a tendance à les minimiser en comparant le cannabis à des substances plus dangereuses. On finit par croire non seulement que le cannabis est sans danger, mais qu'il s'agit de l'option la plus sûre.

La légalisation a renforcé la confiance. Lorsque les gouvernements ont commencé à délivrer des licences aux producteurs, à taxer les ventes et à standardiser les emballages, beaucoup ont supposé que le cannabis avait subi le même niveau d'examen de sécurité que les médicaments. Ils croyaient qu'il avait passé avec succès les contrôles réglementaires visant à protéger la santé publique. La réalité était plus complexe. Les produits étaient certes réglementés en matière de production, de distribution et d'âge, mais les effets néfastes à long terme du tabagisme n'étaient pas éliminés par les politiques mises en place. Malgré cela, le public a perçu le cannabis légal comme un gage de fiabilité, comme si le gouvernement signalait que les risques étaient négligeables.

Avec l'évolution de la société vers l'acceptation, une stigmatisation insidieuse s'est installée contre ceux qui exprimaient des inquiétudes. Les personnes qui mettaient en garde contre les effets néfastes du cannabis sur la santé étaient souvent considérées comme dépassées ou mal informées. On leur reprochait même de tenir des propos dignes de la propagande du XXe siècle. Le climat culturel avait tellement basculé vers l'acceptation que toute voix évoquant un risque paraissait exagérée ou partiale. Il devenait ainsi encore plus difficile pour les véritables avertissements scientifiques d'atteindre le public. Nombreux étaient ceux qui ne voulaient tout simplement rien entendre qui contredise les convictions rassurantes qu'ils entretenaient depuis des années.

Pourtant, malgré toutes ces influences culturelles, psychologiques et marketing, le corps reste indifférent aux croyances sociales. Les poumons ne font pas de distinction entre fumée naturelle et fumée artificielle. Le cœur ne module pas sa réaction en fonction des perceptions culturelles. Le système cardiovasculaire réagit uniquement aux réalités chimiques et physiques auxquelles il est confronté. Lorsque la fumée de cannabis pénètre dans les poumons, le corps la traite de la même manière qu'il traiterait toute matière organique brûlée : par une inflammation, une irritation, un stress oxydatif et une augmentation du travail cardiaque. Ces effets ne sont atténués ni par les intentions qui motivent la consommation, ni par l'origine de la plante. Ils surviennent silencieusement, sans prévenir, quelle que soit la conviction du consommateur quant à l'innocuité de la substance.

Ce chapitre révèle la complexité de l'illusion selon laquelle le cannabis serait inoffensif simplement parce qu'il est naturel. Cette illusion s'est construite sur des décennies de récits culturels, renforcée par l'esthétique de la légalisation, soutenue par le marketing des industries du bien-être et entretenue par des biais psychologiques qui incitent à privilégier son expérience personnelle aux preuves scientifiques. Elle est amplifiée par les témoignages d'amis, les publications soigneusement mises en scène sur les réseaux sociaux, les emballages attrayants et l'absence de symptômes immédiats après inhalation.

Comprendre l'origine de cette illusion est la première étape pour la dissiper. Ce n'est qu'en reconnaissant les forces qui ont façonné cette croyance que les lecteurs pourront évaluer le cannabis avec lucidité, et non par supposition. La vérité n'est pas que le cannabis soit intrinsèquement mauvais ou universellement nocif. C'est simplement que fumer quoi que ce soit – même une substance naturelle – comporte des risques que ni les perceptions culturelles ni les préférences personnelles ne peuvent effacer. Ce livre vise à démystifier les idées reçues qui obscurcissent le débat, à présenter la réalité médicale et à aider chacun à comprendre le corps non comme une machine abstraite, mais comme un système délicat qui réagit à chaque substance avec laquelle il entre en contact. L'illusion de sécurité est tenace, mais la connaissance l'est encore plus.

Chapitre 2 – Le point de vue du chirurgien : ce que 25 ans passés au bloc opératoire ont révélé

Il disait souvent que la formation d'un chirurgien commence bien après les études de médecine, dès la première ouverture de cage thoracique, lorsque la fragilité humaine le frappe de plein fouet. Le docteur Jeremy London répétait cette phrase maintes fois aux internes qui l'observaient travailler avec la vénération distante d'étudiants contemplant un maître artisan. Mais c'est lorsqu'il se retrouvait face à des poumons dont l'état ne correspondait pas au récit du mode de vie du patient qu'il avait fait. Vingt-cinq ans passés au bloc opératoire lui avaient appris bien des vérités, mais aucune ne l'avait autant troublé que ce constat indéniable chez les patients qui se disaient « en bonne santé » : ceux qui n'avaient jamais fumé et dont les poumons étaient si sombres qu'il avait un jour fait remarquer qu'on aurait dit qu'un ramoneur y avait élu domicile.

Il se souvenait du premier cas qui l'avait forcé à remettre en question les idées reçues sur le cannabis. C'était au début de sa carrière, à une époque où il se fiait encore aux dires de ses patients. Un jeune homme d'une trentaine d'années avait été admis aux urgences pour une douleur thoracique. Le visage pâle, le front perlé de sueur, il n'avait jamais fumé de cigarettes. Il était en assez bonne forme physique, sans antécédents familiaux significatifs de maladies cardiaques, et le compte rendu des urgences indiquait qu'il était un candidat exceptionnellement jeune pour un pontage coronarien. Lorsque le Dr London ouvrit le thorax et vit les artères, le choc fut immédiat. Elles étaient rétrécies, rigides et épaissies, ressemblant aux vaisseaux qu'il voyait habituellement chez des hommes deux fois plus âgés que le patient – des hommes qui fumaient un ou deux paquets de cigarettes par jour depuis des décennies. Il se souvenait d'avoir contemplé l'artère obstruée, pensant que les chiffres, l'âge, les antécédents – rien de tout cela n'avait de sens. Lorsque le patient lui confia plus tard qu'il fumait du cannabis quotidiennement depuis ses études, le Dr London le nota discrètement, sans trop savoir quoi en penser à l'époque. Ce cas ne constituait pas une tendance.

Mais les schémas finissent toujours par se révéler à ceux qui travaillent quotidiennement avec l'anatomie. Au fil des ans, les histoires se sont répétées avec une étrange constance. Une femme d'une quarantaine d'années, qui n'avait jamais fumé, s'est présentée avec un angor instable et a finalement dû subir un triple pontage. Ses artères étaient tellement durcies et rétrécies que le médecin s'était demandé comment elle avait pu vivre jusque-là. Interrogée sur le tabac, elle avait répondu à voix basse, admettant n'avoir jamais touché une cigarette. Mais lorsque son mari a mentionné qu'elle fumait du cannabis « pour se détendre, juste un peu chaque soir », tout s'est éclairé. Le docteur London a alors compris que l'on considérait le cannabis comme exempt des risques liés aux autres formes de tabagisme, comme si l'origine naturelle de la plante lui conférait une immunité contre les conséquences physiologiques.

Mais au bloc opératoire, la fumée était de la fumée, et les poumons ne mentaient pas.

Il se souvenait d'opérations où, après avoir ouvert un thorax, il s'attendait à trouver un tissu pulmonaire relativement normal d'après les déclarations du patient, pour se retrouver face à une surface noircie et marbrée qui se repliait sous ses mains gantées comme une bâche déchirée. Il pouvait presque entendre l'incrédulité des étudiants en médecine qui, par-dessus son épaule, lui murmuraient que le dossier indiquait que le patient ne fumait pas. Il répondait alors d'une explication posée, de la voix douce de quelqu'un qui avait déjà vu cela maintes fois : le patient fumait régulièrement du cannabis. Il décrivait les effets du goudron, quelle que soit son origine végétale, comment l'inflammation ne faisait pas de distinction entre les feuilles de tabac et la résine de cannabis, et comment les poumons traitaient les polluants sans tenir compte des intentions de celui qui les inhalait.

Le docteur London avait toujours abordé son travail avec un calme délibéré, celui qui lui permettait de parler même pendant une reconstruction cardiaque. Mais plus il exerçait, plus il ressentait une frustration grandissante face à l'idée fausse et persistante selon laquelle le cannabis serait sans danger parce qu'il était d'origine végétale ou non industriel. Il se souvenait des innombrables fois où les familles affichaient une mine surprise lorsqu'il leur expliquait la cause probable de la maladie cardiaque de leur proche. Elles répondaient d'une voix perplexe, affirmant que le cannabis n'était pas comme les cigarettes, qu'il était naturel et poussait de la terre. Il les écoutait patiemment à chaque fois, mais au fond de lui, il ressentait la même déception familière. Il avait depuis longtemps compris que les gens voyaient souvent ce qu'ils voulaient voir, et que le discours autour du cannabis avait été façonné non par la médecine, mais par la culture, la facilité d'accès et les croyances populaires.

Une intervention chirurgicale en particulier l'avait marqué plus que les autres. Le patient était un homme de cinquante-deux ans souffrant d'une grave obstruction coronarienne et d'une dyspnée soudaine. En apparence, il s'agissait d'un homme d'âge mûr tout à fait ordinaire, menant une vie relativement normale. Il ne buvait pas excessivement, exerçait un emploi modérément physique et n'avait jamais fumé. Lorsque le Dr London ouvrit la cage thoracique, le spectacle fut choquant. Les poumons étaient noircis, parsemés de dépôts semblables à de la suie, répartis de façon irrégulière sur les tissus. Il avait déjà vu des poumons dans un état similaire, mais ce qui rendait ce cas profondément troublant, c'était le refus du patient de croire que son tabagisme avait pu contribuer à son état. Lorsqu'on lui expliqua que sa consommation de marijuana – des joints quotidiens depuis près de vingt ans – avait probablement joué un rôle majeur, l'homme insista sur le fait que c'était impossible. Il décrivait la marijuana comme une substance pure, naturelle et inoffensive, contrairement aux cigarettes. Le docteur London se souvenait de la façon dont la voix de l'homme s'était légèrement élevée lorsqu'il parlait, comme s'il défendait un ami de confiance, et il avait alors réalisé à quel point ces croyances étaient profondément ancrées dans l'esprit des gens.

Au bloc opératoire, sous la lumière crue des projecteurs, les convictions s'évanouissaient. La biologie restait indifférente aux souhaits de chacun ; elle ne faisait que refléter les conséquences des choix faits au fil du temps.

Bien que les interventions chirurgicales fussent le contexte le plus dramatique où ces vérités se manifestaient, le Dr London les constatait également lors de conversations cliniques plus informelles. Lors des examens de routine, il entendait des patients décrire des difficultés respiratoires, une sensation d'oppression thoracique ou une fatigue inhabituelle. Ils niaient catégoriquement fumer, souvent fiers d'éviter ce qu'ils considéraient comme le vice le plus nocif. Mais lorsque la conversation abordait le sujet du cannabis, ils l'évoquaient avec désinvolture, comme si le risque était insignifiant. Bien souvent, les patients disaient ne fumer qu'« un peu » de cannabis, le mot « un peu » masquant une consommation quotidienne, voire quasi quotidienne. Il les écoutait et calculait mentalement les années d'exposition, sachant à quoi ressemblaient les poumons de ces personnes de l'intérieur.

Il lui apparut clairement que la société non seulement avait sous-estimé les risques liés à la fumée de marijuana, mais les avait totalement ignorés. Il avait un jour rencontré un groupe d'internes en médecine qui se demandaient si la fumée de marijuana pouvait réellement causer des lésions artérielles aussi importantes que le tabac. Il leur avait montré des images d'interventions chirurgicales antérieures, comparant les lésions, les obstructions et l'épaississement des parois artérielles, et leur avait expliqué en détail comment les particules issues de la combustion de toute plante provoquaient un stress oxydatif, une inflammation et des lésions endothéliales. Un interne avait alors fait remarquer, surpris, qu'il n'avait jamais vu la marijuana présentée comme un risque cardiovasculaire. Le Dr London avait répondu que ce manque de discussion ne reflétait pas un manque de conséquences, mais seulement un manque de sensibilisation.

Au fil des décennies, il a vu émerger progressivement des études scientifiques confirmant ce qu'il observait depuis des années. Les recherches ont commencé à mettre en évidence des risques accrus de crise cardiaque chez les jeunes consommateurs de marijuana, une augmentation des cas d'arythmie après consommation de cannabis et des signes d'irritation pulmonaire similaires à ceux observés chez les fumeurs réguliers de tabac. Il a vu les institutions de santé commencer prudemment à reconnaître ces risques, même si la perception du public accusait un retard de plusieurs années. Il était consterné de constater à quel point la culture pouvait influencer les décisions en matière de santé – comment une croyance répétée suffisamment souvent finissait par devenir une vérité dans l'esprit de ceux qui recherchaient une confirmation plutôt que la réalité.

Mais la chirurgie l'avait appris à affronter la réalité sans hésiter. Il avait assisté à des opérations où il fallait arrêter et redémarrer un cœur en quelques minutes, où un seul faux pas pouvait bouleverser une vie. Dans ces moments-là, la lucidité primait sur le confort. Et la lucidité qu'il avait acquise en vingt-cinq ans était indéniable : fumer du cannabis avait des conséquences réelles, mesurables et dangereuses.

Il se souvenait des nuits où, après une longue opération, il quittait l'hôpital, l'odeur d'antiseptique imprégnant encore sa blouse, et il trouvait étrange que les poumons puissent raconter des histoires que personne ne voulait entendre. Les tissus révélaient des années d'inhalation, des traces d'inflammation, des dommages causés par les toxines et la signature indéniable de la fumée. Certains poumons paraissaient roses et sains, d'autres marbrés de goudron noir, et d'autres encore si endommagés qu'ils se dilattaient à peine. Lorsqu'il voyait des poumons noircis par le cannabis, ce n'était jamais une simple observation médicale ; c'était le rappel que la société avait négligé quelque chose d'important, quelque chose de visible seulement pour ceux qui travaillaient à l'intérieur du corps.

Il avait évoqué ces expériences lors de conférences, même s'il avait souvent l'impression que l'auditoire était partagé entre ceux qui acceptaient les faits et ceux qui hésitaient, car le sujet touchait à des convictions personnelles ou à des débats politiques. Il avait toujours abordé la question avec neutralité, présentant des données et relatant des cas sans exagération. Pourtant, la surprise persistait. Nombreux étaient ceux qui venaient le voir ensuite et lui confiaient à voix basse qu'ils n'avaient jamais considéré le cannabis comme un risque cardiovasculaire. Certains avouaient même en consommer eux-mêmes, lui demandant s'ils devaient s'inquiéter. Il leur répondait honnêtement, leur expliquant que le risque augmentait avec la fréquence, la durée et le mode de consommation. Il expliquait ce qu'il avait observé et pourquoi cela le préoccupait profondément, et leurs expressions passaient d'un intérêt passager à une inquiétude réfléchie.

Au fil des ans, il avait également constaté comment la culture du cannabis alimentait le déni. On croyait à ses origines naturelles comme on croyait aux remèdes traditionnels transmis de génération en génération. Il se souvenait d'un patient qui, d'une voix perplexe, avait insisté sur le fait que le cannabis n'était qu'une plante, alors comment pouvait-il causer les mêmes dommages que les cigarettes ? Il lui avait répondu doucement que le tabac était lui aussi une plante, et que le danger ne résidait pas dans la feuille, mais dans sa combustion, l'inhalation des produits de combustion et l'accumulation de toxines dans l'organisme. Le patient avait hoché lentement la tête, assimilant l'explication en silence, et le docteur London avait une fois de plus constaté le fossé entre les idées reçues et la réalité médicale.

Malgré les idées reçues, il abordait chaque patient avec la même patience imperturbable. Il savait que personne ne se servait mal de l'information intentionnellement ; on se contentait de suivre des récits rassurants ou familiers. Mais il comprenait aussi l'importance de faire connaître ces risques, de mettre à profit ses années d'expérience pour remettre en question la croyance que la fumée de marijuana était bénigne ou inoffensive. Chaque poumon noirci qu'il avait vu, chaque artère bouchée de façon inattendue, chaque intervention chirurgicale révélant des dommages disproportionnés lui rappelait combien ce message était crucial.

Au cours des dernières années de sa carrière, sa conviction s'est encore renforcée. Il a constaté l'apparition de problèmes cardiaques chez des patients plus jeunes, problèmes autrefois observés principalement chez les personnes âgées. Il a observé une augmentation des cas de douleurs thoraciques liés à la consommation de cannabis, en particulier chez ceux qui vapotaient ou fumaient des produits à forte concentration. Et il a constaté que certaines personnes continuaient de croire que la fumée de marijuana obéissait à des règles différentes de celles de toute autre fumée. Chaque cas le rapprochait de la nécessité d'un tel ouvrage, de la nécessité pour une personne ayant une expérience directe de s'exprimer clairement et sans détour sur ce qui se passait dans les organismes à travers le pays.

Lorsqu'il se décida enfin à écrire à ce sujet, il aborda la tâche avec la même concentration inébranlable qu'il déployait au bloc opératoire. Il souhaitait que les lecteurs ressentent ce qu'il avait ressenti en ouvrant ces cages thoraciques, qu'ils comprennent ce qu'il avait compris lorsque les poumons racontaient leurs histoires silencieuses. Il savait qu'il ne pouvait les emmener physiquement au bloc opératoire, mais il pouvait les amener suffisamment près pour qu'ils entrevoient la vérité : le corps humain enregistre tout, le naturel n'est pas synonyme de sécurité, et ignorer les risques ne protège personne de leurs conséquences.

En repensant à vingt-cinq années d'opérations, de conversations post-opératoires et de révélations difficiles, il ressentit une profonde responsabilité : celle de partager son expérience. Ce livre était sa tentative de traduire le langage des poumons et des artères en des mots accessibles à tous. Pour lui, le message n'était pas un message de jugement ou de peur, mais de clarté, de prise de conscience et de prévention. Le bloc opératoire lui avait montré ce que beaucoup ne verraient jamais, et il était convaincu qu'il était temps de lever le voile pour tous ceux qui étaient prêts à écouter. Les poumons qu'il avait opérés, les cœurs qu'il avait réparés et les patients avec lesquels il avait parlé ont constitué les chapitres de sa vie professionnelle. Et de chacun de ces chapitres, une leçon s'était dégagée, constante et indéniable : la fumée, quelle qu'en soit la source, laissait des traces. Il avait passé des décennies à en réparer les conséquences. À présent, avec ce livre, il espérait aider d'autres personnes à les éviter.

Chapitre 3 – La fumée est de la fumée : à quoi les poumons ont-ils réellement été conçus ?

Les poumons avaient toujours été l'une des structures les plus élégantes du corps humain, deux machines silencieuses et rythmées fonctionnant sans le moindre problème tant qu'on leur fournissait ce pour quoi elles avaient été conçues : de l'air pur. Le docteur London méditait souvent sur leur simplicité et leur perfection lors de ses longues nuits à l'hôpital, assis dans la pénombre du salon des chirurgiens à examiner les scanners des patients. Cette même pensée le hantait depuis des années : les poumons avaient évolué dans un seul but, celui des échanges gazeux, du troque de l'oxygène contre du dioxyde de carbone dans un cycle si efficace que la moindre perturbation pouvait déclencher une maladie. Pourtant, on les traitait comme de simples filtres, capables de traiter n'importe quelle substance inhalée, comme si les poumons recelaient une résilience secrète, fruit de l'invention humaine plutôt qu'héritée de la nature.

Il se souvenait d'une conversation avec un groupe d'internes en médecine, au début de sa carrière. Ils étaient absorbés par des schémas d'alvéoles – de minuscules sacs regroupés comme des grappes de raisin à l'extrémité des bronchioles ramifiées – et il avait tenté de leur expliquer la fragilité de ces structures. Il leur avait dit que chaque paire de poumons contenait environ 300 millions d'alvéoles, chacune plus fine qu'une feuille de papier, entourée de capillaires encore plus fins. Il leur avait expliqué que leur fonctionnement reposait entièrement sur le maintien de cette extrême finesse, car l'oxygène ne pouvait traverser que des tissus n'offrant aucune résistance. Les internes écoutaient avec la fascination propre à la découverte, mais il se demandait alors s'ils comprenaient vraiment à quel point les poumons étaient inadaptés à la fumée.
Au fil des ans, il constata que la plupart des gens, en dehors du monde médical, surestimaient la robustesse des poumons. Ils les imaginaient comme de solides sacs capables d'expulser les toxines par une bonne toux ou quelques respirations profondes. On supposait généralement que, puisque les poumons traitaient constamment l'air, ils devaient aussi pouvoir éliminer les impuretés sans grand effort. Cette croyance s'était renforcée avec l'engouement de la société pour les produits « naturels ». Lorsque le cannabis fut largement accepté comme biologique et inoffensif, beaucoup interprétèrent cette étiquette comme signifiant que le brûler et l'inhaler était tout aussi inoffensif. Le raisonnement semblait être que tout ce qui poussait dans la terre conservait la pureté de ses origines. Mais le Dr London avait constaté, à maintes reprises, les conséquences désastreuses de la confrontation de cette conception avec la physiologie.

Il avait un jour expliqué à une patiente que l'oxygène n'était pas simplement inhalé, mais dissous à travers une membrane si fine qu'il semblait miraculeux qu'elle puisse se maintenir. La patiente, une femme d'âge mûr qui fumait du cannabis depuis des années, lui avait demandé d'une voix confuse si les poumons n'avaient pas une capacité naturelle d'auto-nettoyage. Il lui avait répondu que les poumons pouvaient éliminer les petites particules grâce aux cils – de minuscules structures filiformes qui balayaient les débris vers le haut – mais que leur système de nettoyage s'apparentait davantage à un balai délicat qu'à un aspirateur industriel. Les particules de fumée, les gouttelettes de goudron et les matières organiques brûlées saturaient rapidement ce système, se fixant aux surfaces et perturbant les mouvements délicats qui, au fil de millions d'années d'évolution, permettaient de garder les poumons propres.

Ce que la plupart des gens ignoraient, pensait-il souvent, c'est que la fumée n'était pas simplement de l'air coloré par un arôme ou un parfum ; c'était un mélange complexe de minuscules particules, de gaz, de produits chimiques et de toxines issus de la combustion. Que la combustion provienne de tabac, de marijuana, de bois, d'encens ou même d'herbes aromatiques, le processus lui-même créait des substances que les poumons n'étaient pas conçus pour gérer. Il décrivait parfois la fumée comme une tempête d'éclats microscopiques, chaque particule étant suffisamment petite pour déjouer les défenses de l'organisme et s'incruster dans les tissus. Certaines particules provoquaient une inflammation, d'autres un stress oxydatif, et beaucoup ne quittaient tout simplement jamais les poumons.

Il se souvint d'un moment, durant son internat, où il avait observé pour la première fois une lame histologique montrant les poumons d'un patient ayant inhalé régulièrement de la fumée. La lame révélait des dépôts noirs disséminés dans le tissu pulmonaire, semblables à des grains de suie. Son médecin superviseur les avait désignés du doigt et avait déclaré d'un ton neutre que ces dépôts pouvaient rester dans les poumons pendant des décennies. Le docteur London avait contemplé la lame, réalisant sa naïveté d'avoir cru que les poumons éliminaient toutes les substances nocives. Cette simple observation avait façonné sa compréhension pour les années à venir : les poumons accumulaient l'historique des inhalations, l'inscrivant dans un tissu impossible à nettoyer.

Il pensait souvent aux millions d'alvéoles dont le fonctionnement dépendait de leur ouverture, de leur élasticité et de leur perméabilité. Chaque alvéole nécessitait des parois fines pour optimiser les échanges d'oxygène. Si une inflammation épaissisait ces parois, ces échanges ralentissaient. Si du goudron recouvrait ces surfaces, ils s'affaiblissaient encore davantage. Si une irritation chronique rigidifiait les tissus environnants, les poumons peinaient à se dilater. Et lorsque les poumons peinaient, le cœur peinait lui aussi, pompant plus fort pour compenser la diminution de l'apport en oxygène. Il avait constaté une telle tension lors d'innombrables interventions chirurgicales, le cœur travaillant à plein régime tandis que les poumons portaient les stigmates indélébiles d'années d'exposition à la fumée.

Lorsqu'il s'exprimait publiquement sur les dangers de la fumée de marijuana, il recourait parfois à des analogies pour faciliter la compréhension du public non médical. Il comparait les poumons à une éponge conçue pour absorber l'eau. Si l'on versait de l'huile sur l'éponge, elle absorberait d'abord l'eau, mais lentement, l'huile s'infiltrerait dans les pores, recouvrirait les surfaces et modifierait la structure de l'éponge de façon permanente. Avec le temps, l'éponge deviendrait rigide et moins efficace. La fumée agissait comme cette huile, recouvrant et obstruant les poumons jusqu'à ce que la souplesse et l'élasticité naturelles du tissu pulmonaire cèdent la place à une irritation et une rigidité chroniques.

Il constatait que les gens étaient souvent choqués lorsqu'il expliquait comment la simple combustion d'une plante produisait des milliers de substances chimiques, dont beaucoup étaient nocives, quelle que soit l'origine de la plante. Ils lui demandaient, surpris, si la fumée de marijuana contenait du goudron, et il répondait que oui, comme toute fumée. Il expliquait alors que le goudron n'était pas une substance spécifique au tabac, mais une catégorie de particules collantes et riches en carbone, produites lors de la combustion de matières organiques. Il constatait à chaque fois la même incrédulité, une hésitation née de l'image culturelle d'une marijuana pure et saine.

Pourtant, les poumons ne faisaient pas de distinction de pureté fondée sur une perception culturelle. Ils ne réagissaient qu'à la chimie.

Lors d'une intervention chirurgicale, il se souvint avoir observé une cicatrice inattendue sur le lobe supérieur du poumon droit d'un patient. Ce dernier, âgé d'une quarantaine d'années, se disait en excellente santé. À son réveil, lorsque le Dr London lui fit part de ses observations, le patient demanda, surpris, si fumer du cannabis pouvait à lui seul causer de tels dommages. Le Dr London répondit que les poumons réagissaient à la fumée de cannabis de la même manière qu'à celle de toute autre plante. Il expliqua comment une irritation chronique, due à l'inhalation répétée d'une fumée chaude et chargée de particules, pouvait entraîner des cicatrices, une inflammation et une diminution de la capacité pulmonaire. Le patient écouta en silence, assimilant l'information comme s'il l'entendait pour la première fois.

Ce qui troublait le plus le Dr London, c'était l'idée fausse selon laquelle les poumons tireraient un quelconque bénéfice de la combustion de substances naturelles. On brûlait de la sauge, des herbes, du cannabis et d'autres plantes, persuadé que leur pureté originelle rendait l'acte inoffensif, voire curatif. Or, chaque produit de combustion inhalé favorisait l'inflammation. Ce n'était pas la plante en elle-même qui importait, mais la combustion. Les poumons ont évolué pour s'attendre à un air contenant une certaine proportion d'oxygène et d'azote, et tout écart par rapport à cette composition, même minime, pouvait engendrer des problèmes.

Il réfléchissait souvent à la façon dont l'évolution avait doté l'être humain d'un système respiratoire d'une efficacité extraordinaire. Les poumons pouvaient oxygéner tout le corps en quelques secondes, alimentant chaque organe, du cerveau jusqu'aux orteils. Mais cette efficacité s'accompagnait d'une vulnérabilité. Les poumons permettant un accès direct à la circulation sanguine à travers de fines membranes, toute substance inhalée autre que l'air pénétrait directement dans l'organisme. L'inhalation constituait ainsi une voie d'exposition potentiellement dangereuse, et la fumée était l'une des plus nocives.

Il se souvenait d'avoir lu, au début de sa carrière, des recherches montrant comment certaines particules présentes dans la fumée accéléraient le vieillissement pulmonaire. Les cellules exposées à la fumée se dégradaient plus rapidement, perdaient leur élasticité et devenaient vulnérables aux infections et aux maladies chroniques. Des études ultérieures ont confirmé que la fumée de marijuana et celle de tabac contenaient bon nombre des mêmes polluants nocifs, notamment des particules fines, des composés organiques volatils et des substances cancérigènes. Lorsqu'il partageait ces informations, les gens étaient surpris, comme si la marijuana avait échappé aux lois de la physique régissant la combustion. Pourtant, la science était formelle : la combustion produit des substances nocives, quelle que soit la substance brûlée.

Un jour, une jeune femme qui consommait du cannabis pour soulager son stress lui demanda si le vapotage était plus sûr, puisqu'il n'y avait pas de combustion. Il lui expliqua que, même si le vapotage évitait la combustion, il comportait ses propres risques : des additifs chimiques, des particules ultrafines et une chaleur extrême pouvant irriter les poumons. D'une voix calme, il lui dit que les poumons n'étaient préparés qu'à respirer de l'air pur. Elle acquiesça lentement, réalisant que son corps subissait insidieusement les conséquences de ses choix.

Le docteur London avait toujours trouvé curieux que les gens fassent attention à ce qu'ils mangeaient mais négligent ce qu'ils inhalaient. Ils lisaient les étiquettes, évitaient les ingrédients artificiels et suivaient des régimes présentés comme sains ou naturels, et pourtant, ils inhalaient de la fumée sans se soucier des dommages qu'elle imposait à leur système respiratoire. La fumée n'apportait aucun nutriment, aucun bienfait, aucun avantage ; seulement des dommages. Il avait vu des poumons s'affaisser, se rigidifier, se cicatriser et s'obstruer à cause de l'exposition à des substances pour lesquelles ils n'avaient jamais été conçus.

À l'hôpital, il a constaté les conséquences directes. Il a vu des patients peiner à respirer après des décennies d'inhalation de fumée, quelle qu'elle soit. Il a vu des jeunes gens, persuadés que le cannabis était inoffensif, arriver avec une toux chronique, une capacité pulmonaire réduite et des signes précoces de lésions des voies respiratoires. Il a vu des adultes plus âgés, convaincus des vertus thérapeutiques du cannabis, développer des complications respiratoires semblables à celles des fumeurs de cigarettes de longue date. Dans tous les cas, le constat était le même : les poumons avaient été surchargés, irrités et affaiblis par une substance à laquelle ils n'étaient pas préparés.
Tout au long de la rédaction de son livre, il s'efforçait de traduire le respect qu'il éprouvait pour les poumons et leur structure délicate. Il souhaitait que les lecteurs comprennent ce qu'il avait observé, non pas à travers le prisme du jargon médical, mais dans la simple vérité que les poumons étaient conçus pour une fonction précise et exceptionnelle, et que l'introduction de fumée en compromettait totalement le fonctionnement. Il voulait qu'ils perçoivent la beauté de leur rôle et le danger de supposer qu'ils pouvaient supporter plus que ce que la nature a prévu.

Le message essentiel qu'il souhaitait transmettre était clair : les poumons sont des instruments de respiration, non des filtres de combustion. Ils ont évolué pour apporter l'oxygène au corps avec une précision étonnante, et non pour supporter le fardeau de la fumée, quelle qu'elle soit. L'idée fausse selon laquelle la fumée organique était sans danger, la fumée d'herbes médicinales ou la fumée de marijuana exempte de conséquences néfastes avait trop longtemps persisté. Il était convaincu qu'une fois les lecteurs saisis les principes physiologiques fondamentaux – la fragilité, la fonction et les limites – ils comprendraient à quel point ces croyances étaient irréalistes.

En vingt-cinq ans d'expérience, il avait appris que le corps humain parlait un langage clair et immuable. Les poumons, en particulier, communiquaient par leur état. Ils révélaient l'inflammation, les lésions, la maladie et la guérison avec la même honnêteté. Ils ne mentaient pas, même lorsque l'on se mentait à soi-même. Et pour le Dr London, cette vérité constituait le fondement de tous ses écrits : les poumons étaient conçus pour l'oxygène, et dès que la fumée y pénétrait, leur fardeau commençait.

Chapitre 4 – Les effets cardiovasculaires du cannabis : que montrent les recherches ?

L'histoire du cannabis et de ses effets sur le cœur n'est pas nouvelle, mais elle est souvent occultée par la célébration culturelle, l'évolution du cadre juridique et une image d'innocuité. Pendant des décennies, le cannabis a été perçu comme une échappatoire, un relaxant, un baume pour l'esprit agité. Pourtant, à l'intérieur du corps – là où le cœur bat inlassablement – une réalité plus discrète se dessine, guidée non par l'opinion, mais par la biologie du stress, des besoins et de la vulnérabilité. Lorsque les chercheurs ont commencé à étudier les effets cardiovasculaires du cannabis, ils ont découvert un schéma qui reflétait ce que l'on savait depuis longtemps des facteurs de stress plus traditionnels sur le cœur. Ce schéma, subtil mais persistant, montre que le cannabis sollicite le système cardiovasculaire d'une manière qui rappelle les premiers stades de la fatigue cardiaque observés dans d'autres facteurs de risque bien connus.

Dès que le THC pénètre dans le sang, l'organisme réagit par une série de réactions prévisibles. La plupart des consommateurs décrivent une sensation de calme ou un apaisement des tensions, mais sous cette agréable sensation, l'adrénaline et l'activité du système nerveux sympathique augmentent. Le rythme cardiaque s'accélère. Les vaisseaux sanguins se préparent à une légère constriction et le cœur, travaillant soudainement plus intensément, réclame davantage d'oxygène pour maintenir ce rythme accéléré. Les chercheurs qui ont observé ce phénomène pour la première fois en milieu contrôlé ont noté sa constance. C'était comme si l'organisme, persuadé d'être confronté à un stimulant plutôt qu'à un sédatif, réagissait avec inquiétude plutôt qu'avec sérénité.

Dans une des premières études en laboratoire, de jeunes adultes sans antécédents cardiaques ont été suivis après avoir consommé du cannabis à concentration contrôlée de THC. Des capteurs ont enregistré les pics de fréquence cardiaque, qui augmentaient en quelques minutes et restaient élevés pendant près d'une demi-heure avant de se stabiliser progressivement. Les participants parlaient à voix basse, décrivant une sensation de confort ou d'euphorie, mais leur corps témoignait d'une tout autre réalité. Leur cœur s'emballait, battait plus vite et consommait davantage d'oxygène, une intensité que leurs expressions faciales détendues ne laissaient pas transparaître. Les chercheurs ont constaté que cette accélération du rythme cardiaque – une tachycardie – n'était pas une simple augmentation. Dans de nombreux cas, elle doublait la fréquence cardiaque de base, créant un état transitoire où le cœur se comportait comme si la personne faisait un effort physique intense, alors qu'elle était immobile.

Cette augmentation du rythme cardiaque n'est pas un détail anodin. Les besoins en oxygène du cœur augmentent proportionnellement à chaque battement. Chez une personne en bonne santé, les vaisseaux coronaires réagissent en se dilatant, fournissant ainsi davantage de sang oxygéné pour compenser l'augmentation de l'effort. Mais le cannabis empêche cette adaptation de se faire naturellement. En effet, le THC et d'autres composants de la fumée influencent le tonus des vaisseaux sanguins, les incitant à se contracter plutôt qu'à se dilater. Les artères coronaires se rétrécissent légèrement, réduisant la fluidité du sang. Il en résulte un déséquilibre : le cœur a besoin de plus d'oxygène, mais les vaisseaux en fournissent moins. Ce déséquilibre crée le même type de stress que celui observé par les médecins chez les personnes souffrant d'angine de poitrine ou présentant un risque d'accident cardiaque.

Outre son impact sur le rythme cardiaque et la vasoconstriction, le THC interagit avec l'endothélium des vaisseaux sanguins, cette fine paroi interne qui régule la coagulation, l'inflammation et la souplesse vasculaire. Cet endothélium est particulièrement sensible aux toxines, aux hormones du stress et aux facteurs inflammatoires. Dans le cas du cannabis, les toxines présentes dans la fumée et le THC perturbent le fonctionnement normal de l'endothélium. Des études menées in vitro sur des cellules endothéliales ont mis en évidence une augmentation des marqueurs inflammatoires après exposition à des extraits de fumée de cannabis, similaire à la réponse observée lors d'une exposition à la fumée de tabac. Ces cellules présentaient une capacité altérée à réguler l'oxyde nitrique, une molécule essentielle au maintien de vaisseaux souples et sains. En l'absence d'oxyde nitrique en quantité suffisante, les vaisseaux deviennent rigides, réactifs et sujets à la vasoconstriction.

Dans des conditions réelles, ce dysfonctionnement endothélial contribue significativement à la charge cardiovasculaire. Les vaisseaux sanguins perdent une partie de leur réactivité naturelle, ce qui les empêche de s'adapter à des augmentations soudaines de la charge de travail cardiaque. À terme, l'exposition répétée à ce stress favorise l'inflammation, et cette inflammation – lente, persistante et souvent imperceptible – devient le précurseur de la formation de plaques, des lésions vasculaires et, finalement, des maladies cardiovasculaires.

Une piste de recherche particulièrement convaincante a émergé de vastes études épidémiologiques ayant suivi les hospitalisations, les passages aux urgences et les incidents cardiovasculaires au sein de populations où la consommation de marijuana s'était progressivement normalisée. Bien que ces études n'aient pas établi de lien de causalité direct, elles ont systématiquement mis en évidence des tendances. Des adultes plus jeunes, auparavant considérés comme présentant un faible risque de problèmes cardiaques, rapportaient des douleurs thoraciques soudaines, des arythmies et, dans de rares cas alarmants, des infarctus après avoir consommé de la marijuana. Les équipes médicales impliquées dans ces cas rapportaient souvent que les patients considéraient la marijuana comme inoffensive, un produit naturel, une plante sans les dangers associés à des substances comme le tabac ou l'alcool. Or, la réalité biologique révélait une tout autre vérité : un stress coronarien et des réactions inflammatoires se développaient silencieusement en arrière-plan.

Des études animales ont permis d'apporter des éclaircissements supplémentaires. Les chercheurs ont observé comment le THC interagissait avec le muscle cardiaque, et pas seulement avec les vaisseaux sanguins qui l'irriguent. Des rongeurs exposés à des doses régulières de THC ont présenté des modifications subtiles mais mesurables de la force contractile du cœur. Certains ont manifesté des signes précoces de stress oxydatif, un déséquilibre biochimique où les radicaux libres surpassent les défenses antioxydantes de l'organisme. Le stress oxydatif est un perturbateur connu de la fonction cardiaque. Il affaiblit le muscle cardiaque au fil du temps, provoque des modifications structurelles et favorise l'apparition de troubles du rythme cardiaque.

Le stress oxydatif affecte également les mitochondries, véritables centrales énergétiques des cellules cardiaques. Lorsque les mitochondries dysfonctionnent, l'apport énergétique nécessaire à chaque battement cardiaque diminue. Dans les modèles exposés au cannabis, l'efficacité mitochondriale semblait compromise après une exposition répétée. Le cœur, contraint de battre plus fort en raison de l'augmentation du rythme cardiaque et de la constriction des vaisseaux, se retrouvait paradoxalement avec un apport énergétique réduit. Cette combinaison n'était pas catastrophique à court terme, mais la tension s'est installée progressivement, imitant les premiers stades du stress cardiaque observés dans des pathologies liées au mode de vie, telles que l'hypertension et le tabagisme.

Les rapports d'autopsies humaines ont enrichi le débat. Bien que rares, des cas de mort subite cardiaque où le cannabis était la seule substance détectée ont été documentés. Ces incidents, sans constituer une preuve définitive, ont incité les chercheurs à s'interroger sur le rôle des arythmies. Le THC peut altérer le système de conduction électrique du cœur, augmentant ainsi la susceptibilité aux troubles du rythme. Certaines études ont mis en évidence des modifications de l'intervalle QT – une mesure liée au cycle électrique du cœur – après une exposition au THC. Un intervalle QT prolongé peut prédisposer les individus à des arythmies dangereuses, notamment lors d'accélérations du rythme cardiaque. Cette interaction, subtile mais importante, a illustré comment la stabilité électrique du cœur pouvait être compromise par le cannabis d'une manière insoupçonnée par les consommateurs.

Même la consommation récréative de tabac contribue au stress cardiovasculaire. De nombreux fumeurs inhalent profondément et retiennent leur respiration pour optimiser l'absorption du THC. Cette apnée, appelée manœuvre de Valsalva, réduit temporairement l'apport sanguin au cœur et au cerveau. À l'expiration, la pression artérielle augmente brusquement. Le cœur est alors soumis à un cycle d'adaptation rapide, devant gérer les variations de pression et d'apport en oxygène. À terme, ces fluctuations s'apparentent aux micro-stress répétés observés chez les personnes exposées à des facteurs de risque cardiovasculaires chroniques.

Un autre aspect des risques cardiovasculaires liés au cannabis réside dans son interaction avec des pathologies préexistantes. Diverses observations cliniques ont montré que les personnes souffrant d'hypertension, de diabète, d'hypercholestérolémie ou de prédispositions génétiques courent des risques disproportionnellement plus élevés lorsqu'elles consomment du cannabis. Leur cœur, déjà soumis à un stress chronique et à une fragilité vasculaire, réagit plus fortement aux effets aigus du THC. Chez un jeune adulte en bonne santé, une accélération du rythme cardiaque peut être tolérable. En revanche, chez une personne présentant déjà un rétrécissement des vaisseaux ou une altération de la circulation sanguine, cette même augmentation peut engendrer une situation dangereuse. Des cardiologues ont décrit des cas où le cannabis a agi comme un facteur déclenchant, transformant des affections chroniques gérables en urgences vitales.

De plus, le marché moderne des produits à base de cannabis a intensifié ces risques. Les concentrations de THC dans les variétés actuelles sont nettement supérieures à celles observées au cours des décennies précédentes. Les produits comestibles, les huiles et les concentrés délivrent souvent des doses bien plus importantes que celles obtenues par inhalation traditionnelle. Des taux de THC plus élevés amplifient les réactions physiologiques : augmentation plus marquée du rythme cardiaque, vasoconstriction plus importante et inflammation plus prononcée. Les services d'urgence ont signalé que les patients ayant consommé des produits comestibles sous-estimaient fréquemment leur puissance, ce qui entraînait des épisodes d'anxiété extrême, des palpitations, des douleurs thoraciques et une accélération du rythme cardiaque. Le délai d'action des produits comestibles signifiait que les consommateurs prenaient parfois des doses supplémentaires prématurément, pour ensuite subir une aggravation des troubles cardiovasculaires une fois les effets finalement apparus.

Le mode d'inhalation a également son importance. Qu'il soit brûlé, vaporisé ou chauffé, le cannabis libère un mélange de substances chimiques qui passent par les poumons avant de rejoindre la circulation sanguine. La fumée issue de la combustion introduit du monoxyde de carbone, du goudron et des particules fines qui endommagent directement la paroi endothéliale. Les huiles de vapotage, autrefois considérées comme une alternative plus sûre, ont engendré leurs propres complications cardiovasculaires, notamment une inflammation causée par les solvants en suspension dans l'air. Des recherches portant sur des cellules endothéliales exposées aux aérosols de vapotage ont révélé des altérations de la production d'oxyde nitrique similaires à celles observées lors de l'exposition à la fumée, suggérant que le risque cardiovasculaire ne se limite pas aux méthodes de consommation traditionnelles.

L'inflammation déclenchée par le cannabis, en particulier en cas de consommation chronique, contribue fortement aux risques cardiovasculaires. Cette inflammation n'est pas toujours manifeste ; elle peut être insidieuse, latente, et fragiliser l'organisme à long terme. La protéine C-réactive (CRP), marqueur de l'inflammation systémique, est souvent élevée chez certains consommateurs réguliers de cannabis. Un taux élevé de CRP est fortement associé au risque de maladies cardiovasculaires. Conjuguée à l'altération des vaisseaux causée par le THC et la fumée, cette inflammation de bas grade favorise l'accumulation de plaque, la rigidification des vaisseaux et, à terme, le développement d'une maladie coronarienne.

Une autre piste de recherche s'est intéressée à l'interaction du cannabis avec les plaquettes, composants sanguins responsables de la coagulation. Le THC semble influencer l'activation plaquettaire, augmentant leur tendance à s'agglutiner. Cet effet, bien que modeste, devient problématique lorsqu'il est associé à une constriction vasculaire et à une inflammation. Un vaisseau rétréci, dont la paroi est tapissée de cellules endothéliales enflammées et dysfonctionnelles, est beaucoup plus susceptible de se boucher en cas d'hyperactivité plaquettaire. Quelques cas d'AVC survenus chez de jeunes adultes après consommation de cannabis ont mis en lumière cette interaction biochimique. Bien que rares, ces événements ont souligné le risque d'anomalies de la coagulation chez les personnes prédisposées.

Malgré les tendances constantes observées dans les différentes études, la réputation du cannabis comme substance inoffensive ou à faible risque persiste. Ce décalage s'explique en partie par la différence entre ses effets ressentis et ses effets sur l'organisme. Les consommateurs décrivent souvent une relaxation, un calme et une sérénité mentale, sensations qui semblent incompatibles avec l'effort cardiovasculaire qu'il provoque. Cette discordance crée une illusion de sécurité et encourage la croyance qu'une substance apaisante ne peut être nocive. Or, le cœur réagit non pas à la perception, mais à la chimie. Le THC et les composants de la fumée initient des réactions physiologiques qui se poursuivent, que le consommateur se sente euphorique ou détendu.

Avec la légalisation et l'acceptation sociale croissantes du cannabis, le fossé entre perception et réalité biologique se creuse. Les débats publics célèbrent ses usages thérapeutiques, la liberté culturelle et le libre choix. Rares sont les discussions qui abordent l'impact sur le cœur. Les cardiologues expliquent souvent que le danger n'est ni dramatique ni immédiat pour la plupart des consommateurs. Il est plutôt cumulatif : une lente accumulation de réponses au stress, d'inflammation, d'altération des vaisseaux et d'hypersensibilité électrique. Cette accumulation reflète les premiers stades des maladies cardiovasculaires traditionnellement associées au vieillissement ou à des facteurs de mode de vie chroniques. La différence réside dans le moment d'apparition. Avec le cannabis, ces changements peuvent commencer plus tôt, influencés non pas par des décennies d'habitudes, mais par une exposition répétée à une substance largement considérée comme inoffensive.

Aucun de ces résultats ne suggère que le cannabis soit systématiquement catastrophique pour le système cardiovasculaire. Au contraire, ils dressent un tableau plus nuancé, reconnaissant la complexité du cœur humain et sa vulnérabilité à tout agent perturbant son équilibre délicat. Les recherches qui en ressortent ne sont pas alarmistes, mais éclairantes. Le cœur fonctionne dans des marges de sécurité étroites. Lorsque ces marges sont régulièrement mises à l'épreuve par une accélération du rythme cardiaque, une augmentation de la demande en oxygène, une vasoconstriction, une altération de la fonction endothéliale et une inflammation chronique, les conséquences à long terme deviennent plus probables.

Les recherches montrent de façon constante que le cannabis agit de manière significative comme d'autres facteurs de stress cardiovasculaires. Il accélère le rythme cardiaque comme les stimulants, resserre les vaisseaux sanguins comme la nicotine, altère la fonction endothéliale comme la pollution, déclenche une inflammation comme le stress chronique et influence la coagulation comme certains troubles métaboliques. Il ne s'agit pas d'un facteur de risque identique à l'un de ces autres, mais il en reproduit les effets, amplifiant des vulnérabilités qui resteraient autrement latentes.

Comprendre les effets du cannabis sur le système cardiovasculaire n'est ni une question de jugement ni d'interdiction, mais de prise de conscience. Il s'agit de reconnaître que le cœur, malgré sa résilience, réagit aux substances chimiques avec précision et authenticité. Il s'agit d'aller au-delà des sensations agréables et de prendre en compte la réalité biologique qui les accompagne. La recherche ne condamne pas le cannabis sans nuance, mais elle met en lumière la tension qu'il impose au système responsable du maintien de la vie. Grâce à cette mise en lumière, les lecteurs ont la possibilité de prendre des décisions éclairées, fondées non pas sur des idées reçues, mais sur des données scientifiques.

Chapitre 5 – Un risque d'infarctus 1,3 à 2 fois plus élevé : comprendre les chiffres

Les chiffres ont commencé à apparaître discrètement dans les articles de recherche bien avant que le grand public ne comprenne leur signification. Au début, ils étaient modestes : des fractions, des décimales, des rapports de risque dissimulés entre un jargon clinique et des tableaux statistiques complexes. Mais à mesure que les études s'enchaînaient, que les dossiers hospitaliers étaient examinés et les antécédents des patients réanalysés, une tendance s'est dégagée avec une constance frappante. Les fumeurs de marijuana ne subissaient pas seulement une augmentation temporaire de leur rythme cardiaque ou un léger stress vasculaire passager. Ils étaient confrontés à un problème plus grave, plus mesurable. Les consommateurs présentaient un risque d'infarctus et de maladie coronarienne 1,3 à 2 fois supérieur à celui des non-consommateurs. La déclaration du Dr London, prononcée d'un ton calme et factuel lors d'une conférence de santé publique, a eu un impact précisément dû à sa simplicité. Il a affirmé que « le risque est multiplié par 1,3 à 2 ». Sans emphase. Sans avertissements vagues. Juste des chiffres fondés sur des observations répétées et vérifiables.

À l'oreille non avertie, ces chiffres paraissent inoffensifs. Un doublement d'un phénomène rare ou lointain n'inspire pas une peur immédiate. On entend des ratios, pas des vies. On entend des statistiques, pas les battements d'un cœur qui s'emballe. Pourtant, chaque chiffre raconte une histoire, et ces histoires se déroulent dans les salles d'examen, aux urgences et dans les foyers où les symptômes sont ignorés jusqu'à ce qu'ils deviennent critiques. La hausse de 1,0 à 1,3 semble modeste – une augmentation de seulement 30 %. Mais pour les cardiologues, cette variation fait la différence entre une stabilité prévisible et une crise inattendue. Et ce risque multiplié par deux, ce doublement, est le genre de changement qui transforme une situation gérable en un véritable champ de mines.

Pour comprendre la gravité de cette fourchette apparemment restreinte, il est essentiel de connaître l'historique des autres facteurs de risque cardiovasculaires courants. L'hypertension artérielle est bien connue pour endommager les artères par une pression constante. Elle double environ le risque d'infarctus lorsqu'elle est mal contrôlée. Un taux de cholestérol élevé augmente ce risque de façon similaire, surtout lorsque les particules de LDL infiltrent les parois des vaisseaux et forment des plaques. Le tabagisme multiplie par deux à quatre le risque d'infarctus, selon la durée d'exposition. Pendant des décennies, ces chiffres ont permis aux médecins de dresser un tableau des maladies cardiaques : cumulatives, prévisibles et évitables. Or, avec la popularisation du cannabis, une nouvelle variable est entrée en jeu, et son impact s'est rapproché de celui des principaux facteurs de risque vasculaire.

Les chercheurs ont d'abord constaté cette corrélation lorsque de jeunes adultes – des personnes à des décennies des problèmes cardiaques classiques – ont commencé à se présenter aux urgences pour des douleurs thoraciques, des arythmies et, dans de rares cas, mais très inquiétants, des infarctus du myocarde. Les médecins étaient perplexes face à l'absence de profils de risque typiques chez ces individus. Leur tension artérielle était souvent normale, leur taux de cholestérol bas et leurs antécédents familiaux sans particularité. Il s'agissait de personnes qui couraient des marathons, faisaient de la musculation ou vivaient avec l'insouciance de la jeunesse. Le point commun entre nombre d'entre elles était la consommation de marijuana, non pas occasionnelle, mais régulière, intégrée à leurs loisirs, à leurs mécanismes d'adaptation ou à leurs rituels quotidiens. Lorsque le Dr London et ses collègues ont examiné les données de plus près, ils ont constaté que la tendance était trop constante pour être ignorée.

Une équipe de cardiologie a examiné les dossiers de patients de moins de quarante ans admis pour syndrome coronarien aigu. Les chiffres ont immédiatement attiré l'attention. Un nombre disproportionné d'entre eux avaient consommé du cannabis dans les heures précédant l'événement. Les analyses toxicologiques, les entretiens avec les patients et les témoignages corroborants ont dressé le même constat. Une sensation d'oppression thoracique était apparue soudainement, souvent après avoir fumé ou consommé des concentrés à forte teneur en THC. Un patient participant à l'étude a décrit la douleur comme « une forte pression, comme si quelqu'un avait placé une pierre sous les côtes ». Un autre a indiqué l'avoir d'abord ignorée, la confondant avec de l'anxiété déclenchée par le cannabis. Les urgentistes ont par la suite raconté comment ces personnes étaient arrivées confuses, effrayées et incapables de comprendre qu'une substance censée les détendre puisse provoquer une crise cardiaque.

Les chiffres ont suivi ces révélations. Les données ont montré que dans l'heure qui suit la consommation de marijuana, le risque de crise cardiaque est multiplié par près de cinq, mais que le risque chronique à long terme se stabilise dans la fourchette désormais largement citée de 1,3 à 2 fois. Le pic aigu est dû à l'augmentation soudaine du rythme cardiaque, à la constriction des vaisseaux et à la demande en oxygène. Mais l'élévation chronique – le risque multiplié par 1,3 à 2 – résulte d'un stress répété, comparable à l'apparition de petites fissures dans un pont au passage de chaque camion.

Lorsque le Dr London expliquait les chiffres, il utilisait des comparaisons qui permettaient de mieux comprendre les risques. Il expliqua un jour à un auditoire que si cinquante mille personnes présentant un risque normal consommaient régulièrement du cannabis, le nombre de crises cardiaques attribuables à cette consommation augmenterait sensiblement. Ce ne serait pas une épidémie, mais ce serait indéniable. Il expliqua que l'augmentation du risque n'était pas isolée. Si une personne souffrait déjà d'hypertension, la consommation de cannabis augmentait son risque global de manière exponentielle. Les chiffres ne s'additionnaient pas simplement ; ils étaient intimement liés.

Prenons l'exemple d'un jeune homme souffrant d'hypertension limite. Ses vaisseaux étaient déjà légèrement tendus. L'ajout de marijuana suffit à aggraver la constriction vasculaire, à accélérer le rythme cardiaque et à faire grimper les marqueurs inflammatoires. Son profil de risque, déjà préoccupant, s'en trouve considérablement aggravé. Au lieu d'une situation gérable, il se retrouve confronté à un risque comparable à celui d'une personne dix ans plus âgée, portant un fardeau supplémentaire. Un schéma similaire se dessine chez les personnes ayant un taux de cholestérol élevé. Le THC et le dysfonctionnement endothélial induit par la fumée altèrent la souplesse des vaisseaux. Les particules de LDL infiltrent plus facilement les parois vasculaires enflammées. Avec le temps, la plaque se forme plus rapidement, rétrécissant les artères silencieusement jusqu'à ce que ce rétrécissement devienne impossible à ignorer.

L'aspect le plus surprenant de ces chiffres réside dans leur impact sur les jeunes adultes. Pendant des années, on a cru que les crises cardiaques ne touchaient que les personnes d'âge mûr et les personnes âgées. Mais les données issues des études sur le cannabis ont remis en question cette idée reçue. Les jeunes adultes ne sont pas à l'abri des aléas vasculaires. Leurs vaisseaux sont peut-être plus élastiques, leur métabolisme plus rapide et leur capacité de récupération plus forte, mais les mécanismes de vasoconstriction, de demande en oxygène et de lésions endothéliales ne font pas de distinction. Lorsque le cannabis est consommé à forte concentration, surtout en association avec le vapotage ou l'inhalation de concentrés, le stress aigu imposé au système cardiovasculaire est loin d'être négligeable. C'est un véritable sprint pour le cœur : inattendu, non préparé et néfaste.

Dans une étude observationnelle, des urgentistes ont décrit le cas d'un homme de vingt-sept ans qui s'est effondré après avoir fumé une variété de cannabis puissante. Il n'avait aucun antécédent médical, aucun antécédent familial de maladie cardiaque et aucune habitude de vie susceptible d'éveiller les soupçons. Son angiographie coronarienne a révélé un spasme – une constriction soudaine et intense d'une artère coronaire. De tels spasmes peuvent survenir en réaction à des stimulants ou à un stress extrême, mais dans ce cas précis, ils sont apparus après l'inhalation de fumée de cannabis. L'équipe de cardiologie a par la suite décrit comment le vaisseau s'était comporté comme s'il réagissait à une menace, se contractant jusqu'à presque interrompre le flux sanguin. Il a survécu, mais son cas a contribué aux éléments de preuve qui ont éclairé la déclaration finale du Dr London. Ce n'est pas seulement le risque à long terme qui importe, mais aussi la vulnérabilité aiguë.

Comprendre ces chiffres implique également de comprendre le risque de base. Une personne en bonne santé a un faible risque absolu de subir un infarctus. Si ce risque est d'une chance sur dix mille par an, le doubler le porte à deux chances sur dix mille – un changement apparemment minime. Mais les populations ne sont pas constituées de chiffres ; elles sont composées d'individus présentant des vulnérabilités différentes. Si une personne présente ne serait-ce qu'un seul autre facteur de risque – antécédents familiaux, hypertension légère, tabagisme occasionnel –, doubler son risque peut modifier son évolution. Les maladies cardiovasculaires ne surviennent pas brutalement. Elles s'accumulent. Elles progressent insidieusement. Elles se développent par petites étapes qui semblent anodines jusqu'à ce qu'elles dégénèrent en crise.

Pour les personnes souffrant déjà de problèmes cardiaques, ces chiffres prennent une importance accrue. L'augmentation de 1,3 à 2 fois concerne les personnes en bonne santé par ailleurs. Chez celles ayant des antécédents d'infarctus ou une maladie coronarienne avérée, la consommation de cannabis peut accroître encore davantage le risque. Ceci s'explique en partie par le fait que les vaisseaux endommagés ne peuvent compenser les augmentations soudaines du rythme cardiaque ou de la demande en oxygène. Une artère rétrécie fonctionnant à 50 % de sa capacité peut être suffisante au repos, mais lors d'une accélération du rythme cardiaque, son insuffisance devient manifeste. La tension exercée peut provoquer la rupture d'une plaque stable, déclenchant ainsi la cascade d'événements qui conduit à l'infarctus.

La perception psychologique du cannabis complexifie encore la situation. Nombreux sont ceux qui pensent que, parce qu'il est « naturel », il est forcément inoffensif. Un cardiologue a raconté, lors d'un séminaire, qu'un de ses plus jeunes patients, souffrant de vasospasme coronarien, insistait sur le fait qu'il « n'utilisait que des substances naturelles ». Le médecin lui avait expliqué, avec toute la délicatesse possible, que naturel ne rime pas avec sans danger. La ciguë est naturelle. Les feuilles de tabac sont naturelles. La nature produit de nombreuses substances chimiques puissantes qui peuvent nuire à l'organisme si elles sont consommées sans discernement. Le cannabis, malgré son potentiel thérapeutique et son importance culturelle, interagit néanmoins avec le système cardiovasculaire de manière concrète et physiologiquement éprouvante.

À mesure que de nouvelles études paraissaient, les chiffres étaient affinés sans jamais être contredits. Des méta-analyses regroupant les données de milliers de participants ont abouti à des rapports de risque similaires. Une étude canadienne a rapporté une augmentation de 60 % des événements cardiovasculaires chez les jeunes adultes consommateurs de marijuana. Un ensemble de données américain a montré un risque presque deux fois plus élevé chez les consommateurs réguliers que chez les non-consommateurs. Des rapports européens ont confirmé ces résultats. La diversité géographique de ces études a démontré que cette tendance n'était pas liée à une région, une population ou un mode de vie en particulier, mais à des facteurs physiologiques.

Pourtant, malgré l'accumulation de preuves, la perception du public a tardé à se manifester. Lorsqu'on a comparé les risques à ceux de l'hypertension artérielle ou de l'hypercholestérolémie, beaucoup les ont minimisés, les jugeant moins graves car les effets du cannabis sont intermittents et non constants. Or, cette comparaison ne tient pas compte de l'interaction entre le stress aigu et la vulnérabilité chronique. L'hypertension artérielle est une force lente et constante qui fragilise les vaisseaux au fil des années. Le cannabis, quant à lui, agit par une succession d'agressions soudaines : brèves, mais intenses. Les chiffres relatifs aux risques reflètent ces deux réalités. Une personne souffrant d'hypertension artérielle est confrontée à des années de dommages liés à la pression artérielle. Un consommateur de cannabis, lui, subit des épisodes aigus où le cœur est soumis à un effort intense et rapide. Lorsque ces deux facteurs sont présents simultanément, le danger s'accroît, non pas parce que chacun est catastrophique pris isolément, mais parce que leurs mécanismes se combinent.

Les données ventilées par âge ont confirmé la gravité du risque. Les adolescents et les jeunes adultes, dont le système cardiovasculaire est encore en développement, se sont révélés particulièrement vulnérables aux effets aigus du cannabis. Leur système nerveux autonome, responsable de la régulation du rythme cardiaque et de la réponse vasculaire, réagit fortement au THC. L'augmentation du rythme cardiaque est souvent plus marquée. Leurs vaisseaux se contractent plus fortement. Leur réponse inflammatoire est plus intense. Bien que leur risque absolu d'infarctus reste inférieur à celui des adultes plus âgés, l'augmentation relative induite par le cannabis est significative. Un doublement du risque chez un jeune adulte peut ne pas entraîner de conséquences immédiates, mais il favorise plus tôt l'apparition de modifications vasculaires qui, autrement, ne se manifesteraient que plus tard.
Les études à long terme évaluant le calcium des artères coronaires, marqueur de la formation de plaques, se sont révélées encore plus révélatrices. Dans certains ensembles de données, les consommateurs de marijuana présentaient des scores de calcium plus élevés plus tôt que prévu pour leur âge. Pas d'une ampleur considérable, certes, mais suffisants pour suggérer que des contraintes cardiovasculaires répétées avaient accéléré un processus qui se déroule généralement lentement. Ces marqueurs précoces sont asymptomatiques, mais ils permettent de prédire l'évolution de la maladie des décennies plus tard. Ils sont les signaux d'alarme discrets d'un risque futur.

Comprendre cette augmentation de 1,3 à 2 fois implique de reconnaître que ces chiffres ne sont ni exagérés ni négligeables. Ils reflètent numériquement le stress biologique. Ils quantifient la réaction du cœur à des agressions répétées. Lorsque le Dr London a précisé cette fourchette, son objectif était d'apporter de la clarté, non de susciter l'inquiétude. Il souhaitait que ces chiffres permettent de mieux comprendre la situation, d'engager la conversation et de combler le fossé informationnel qui avait trop longtemps persisté entre la perception et les données probantes.

Avec la légalisation du cannabis qui se répand à travers le monde, ces chiffres prennent une importance accrue. Ils constituent le fondement des discussions sur la sécurité, la modération et le choix éclairé. Ils rappellent que le cœur ne réagit pas aux évolutions culturelles ni aux débats politiques, mais à des facteurs biochimiques tels que la chimie, la pression, l'inflammation et le rythme cardiaque. Le cœur perçoit le cannabis non comme une question morale, mais comme un phénomène biochimique.

Ces chiffres – de 1,3 à 2 fois – traduisent cet événement en termes compréhensibles par l'humain. Ils représentent des milliers de témoignages de patients, d'innombrables expériences en laboratoire et les progrès constants de la science. Ils nous rappellent que le risque n'est pas une question de peur, mais de compréhension. Et cette compréhension nous permet de faire des choix en accord avec notre santé, notre avenir et le respect que nous portons à cet organe discret et infatigable qui en est le cœur.

CHAPITRE 6 – DOMMAGES SILENCIEUX : COMMENT LE CANNABIS AFFAIBLIT LES VAISSEAUX SANGUINS AU FIL DU TEMPS

L'affaiblissement d'un vaisseau sanguin ne se manifeste pas d'emblée. Il ne s'accompagne d'aucun signe avant-coureur, ni de palpitations ni de signes visibles. Au contraire, il se déploie silencieusement au fil des années, dissimulé sous le pouls régulier qui bat sans relâche, jour et nuit, sans le moindre avertissement. Cette détérioration silencieuse est ce qui rend les lésions vasculaires si insidieuses et dangereuses. Elles prospèrent dans l'invisibilité. Et pour de nombreux consommateurs réguliers de cannabis, cette invisibilité devient la plus grande menace, car l'organisme s'adapte aux changements progressifs jusqu'à ce qu'un événement brutal finisse par attirer l'attention. Cette progression insidieuse – lente, subtile, constante – est ce qui préoccupe le plus les chirurgiens comme le Dr London.

Quand on imagine les dégâts causés par le tabagisme, on pense d'abord aux poumons : tissus noircis, voies respiratoires rétrécies, quintes de toux, essoufflement. On oublie souvent le réseau d'artères qui irrigue tout le corps, transportant le sang oxygéné avec une précision orchestrée par l'endothélium, la fine et délicate paroi interne de chaque vaisseau. Cette paroi n'est pas un simple tube passif. C'est une couche active et dynamique qui réagit instantanément aux signaux chimiques, aux variations de pression et aux signaux inflammatoires. Elle dilate les vaisseaux pour augmenter le débit sanguin, les contracte pour réguler la pression et libère des substances qui protègent contre les caillots et la plaque. Elle est le chef d'orchestre du système cardiovasculaire. Et lorsqu'elle est exposée de façon répétée aux substances chimiques et aux particules présentes dans la fumée de cannabis, son équilibre se dérègle.

Le Dr London expliquait souvent le dysfonctionnement endothélial en le comparant à un système de feux tricolores. Lorsque l'endothélium est sain, il signale aux vaisseaux de se contracter ou de se relâcher au bon moment, permettant ainsi une circulation sanguine fluide. En cas de lésion, ces signaux deviennent irréguliers. Les feux dysfonctionnent – restant parfois rouges trop longtemps, parfois clignotant entre différentes couleurs – et la circulation sanguine se bloque. Le flux sanguin ralentit, les turbulences augmentent et les parois des vaisseaux se rigidifient. Cet état, appelé dysfonctionnement endothélial, est le premier signe avant-coureur d'événements cardiaques futurs. Il constitue le premier maillon d'une longue chaîne menant à l'épaississement artériel, à l'accumulation de plaques et aux obstructions soudaines.

La fumée de marijuana contribue à ce dysfonctionnement par de multiples mécanismes. Les particules chauffées et les toxines libérées lors de la combustion pénètrent dans la circulation sanguine par les poumons et se déposent directement sur les parois artérielles. Ces substances chimiques créent une inflammation microscopique qui, bien qu'imperceptible sur le moment, s'aggrave à chaque inhalation. Le THC, bien que non toxique de la même manière que la nicotine, active le système nerveux sympathique, augmentant ainsi le rythme cardiaque et la pression artérielle. Ces fluctuations exercent une contrainte mécanique sur les parois des vaisseaux, les forçant à se dilater et à se contracter de façon répétée au-delà de leur rythme optimal. Avec le temps, l'endothélium s'use, à l'image d'un tissu étiré à l'excès dans le mauvais sens.

Ces lésions ne se manifestent pas par la douleur. Personne ne se réveille avec la sensation que son endothélium est altéré. Aucune sensation n'est associée aux premiers stades de l'épaississement ou de l'inflammation artérielle. Ces modifications sont biologiquement silencieuses et ne sont détectables que par des examens spécialisés ou lors d'interventions chirurgicales exposant les vaisseaux. C'est précisément dans ces blocs opératoires que des chirurgiens comme le Dr London peuvent en constater les effets directs.

Il se souvient souvent de la première fois où il a réalisé que les fumeurs de marijuana – ceux qui juraient n'avoir jamais touché au tabac – présentaient des modifications artérielles importantes. Lors d'un pontage coronarien chez un patient d'une quarantaine d'années, il a remarqué que ses vaisseaux étaient anormalement rigides pour son âge. Le patient avait insisté, lors des entretiens préopératoires, sur son hygiène de vie irréprochable : il n'avait jamais fumé de cigarettes et ne suivait aucun régime riche en graisses. Pourtant, il avait admis, presque par hasard, fumer de la marijuana tous les soirs pour se détendre. Le chirurgien se souvenait de la texture de l'artère : non pas aussi souple et flexible qu'attendu, mais épaissie et légèrement décolorée, comme si elle avait vieilli prématurément. Aucun symptôme extérieur, aucun signe dans l'apparence ou le quotidien du patient ne laissait présager un problème. Pourtant, à l'intérieur, les vaisseaux racontaient une tout autre histoire.

Ces cas sont devenus plus fréquents au fil des ans. Des patients trentenaires et quadragénaires – âges où la chirurgie cardiaque est moins courante – présentaient des affections vasculaires plus typiques des personnes âgées. Leurs artères étaient moins souples, leurs couches endothéliales montraient des signes d'irritation chronique et, dans de nombreux cas, la formation de plaques avait commencé plus tôt que prévu. Ce phénomène inquiétait le Dr London, non pas parce que le cannabis en était la seule cause, mais parce que de nombreux consommateurs le croyaient inoffensif, naturel, voire « meilleur que le tabac ». Cette croyance les empêchait de voir les dommages progressifs qui s'accumulaient année après année.

La plaque ne se forme pas en un jour ni même en une semaine. Elle se forme progressivement, à partir du dépôt de lipides sur la paroi du vaisseau une fois l'endothélium altéré. Au début, ces dépôts forment des stries molles. Avec le temps, des cellules inflammatoires s'accumulent, tentant de réparer les lésions mais contribuant involontairement à l'accumulation de la plaque. Des dépôts de calcium finissent par s'y lier, durcissant la plaque comme du ciment. L'artère se rétrécit lentement, réduisant le débit sanguin. Pourtant, même lorsque l'espace à l'intérieur du vaisseau se réduit, l'organisme compense. Il dévie le sang par des voies collatérales, augmente légèrement le rythme cardiaque et ajuste légèrement la pression artérielle. Ces mécanismes de compensation masquent la gravité du problème jusqu'à ce que le rétrécissement devienne critique.

Pour de nombreux consommateurs de marijuana, le premier symptôme notable n'est ni une gêne thoracique précoce ni une légère fatigue. C'est la douleur soudaine et intense d'un infarctus aigu. Un instant, ils se sentent bien ; l'instant d'après, une plaque se rompt, un caillot se forme rapidement et l'artère se bouche presque entièrement. Le cœur, privé d'oxygène, proteste violemment. Le silence des années précédentes éclate brutalement. Telle est la cruelle nature des lésions vasculaires : elles s'installent insidieusement et se révèlent de façon explosive.

Le dysfonctionnement endothélial contribue également au vasospasme, une constriction soudaine des artères coronaires. Ce phénomène peut survenir même chez des personnes ne présentant pas d'accumulation importante de plaque. Les effets du cannabis sur le tonus vasculaire augmentent la probabilité de tels spasmes. Les artères se contractent brutalement, réduisant considérablement le flux sanguin. L'épisode peut durer plusieurs minutes, voire plus, et s'il se prolonge, il peut déclencher un infarctus. Certains patients ressentent ces spasmes de façon épisodique, les attribuant à de l'anxiété ou à un inconfort passager. Ce n'est que lorsque les épisodes s'aggravent, ou lorsqu'un épisode provoque des lésions permanentes, qu'ils prennent conscience d'un problème plus profond.

Pour les chirurgiens, les effets vasculaires à long terme du cannabis posent des défis particuliers. Les vaisseaux endommagés sont plus difficiles à manipuler lors des interventions. Ils se déchirent plus facilement, réagissent mal aux sutures et, parfois, ne se dilatent pas suffisamment, même sous l'effet de manipulations mécaniques. Le Dr London a un jour décrit comment opérer des artères exposées à une inflammation chronique s'apparentait à coudre un tissu délicat trempé dans l'eau puis séché au soleil à plusieurs reprises. Les fibres perdent leur élasticité et résistent à la manipulation. Un vaisseau qui devrait se dilater facilement lors de la mise en place d'un greffon reste rigide, exigeant davantage de force et de précision pour fixer le pontage.

Un autre défi réside dans la localisation de la plaque. Chez certains consommateurs de cannabis, l'inflammation tend à se développer de façon irrégulière, entraînant une répartition inégale de la plaque. Au lieu d'un rétrécissement régulier le long d'une section prévisible, les chirurgiens observent des zones de durcissement alternant avec des zones d'inflammation. Cette irrégularité complique la mise en place du greffon et augmente le risque de complications postopératoires. De plus, les substances chimiques résiduelles stockées dans les tissus adipeux et les parois des vaisseaux influencent la cicatrisation. La récupération peut être plus lente, la coagulation altérée et l'inflammation plus persistante.

Ces complications ne sont pas l'apanage des consommateurs de cannabis, mais leur fréquence chez les fumeurs réguliers soulève des inquiétudes quant à leur santé vasculaire à long terme. Le problème ne réside pas seulement dans la présence de THC, mais aussi dans le mode de consommation. Fumer du cannabis, c'est combiner chaleur, combustion et particules fines pour créer un cocktail toxique qui affecte directement les vaisseaux sanguins. Même sous forme vaporisée, bien que légèrement différente, elle présente des risques en raison des fortes concentrations de THC et des additifs susceptibles de déclencher des réactions inflammatoires.

Un cas particulièrement révélateur s'est produit lors d'un pontage multivaisseaux chez un patient qui fumait du cannabis depuis plus de vingt ans. Le patient avait insisté sur le fait que le cannabis était la seule substance qu'il consommait et qu'il évitait tous les aliments transformés, l'alcool et le tabac. Pourtant, ses artères étaient exceptionnellement difficiles à greffer. L'artère mammaire interne, souvent utilisée pour les pontages en raison de son excellente durabilité, présentait des signes d'épaississement. La veine saphène prélevée dans sa jambe, destinée à servir de greffon, montrait également une légère irritation endothéliale. Le chirurgien a mené l'opération à bien, mais a ensuite fait remarquer, en privé, que le système vasculaire du patient ressemblait à celui d'une personne de dix à quinze ans plus âgée.

Ces expériences accumulées ont confirmé ce que les études scientifiques suggéraient déjà : la consommation chronique de marijuana contribue au vieillissement vasculaire. Ce vieillissement n'est pas simplement une question de temps ; il résulte d'une exposition répétée. Chaque inhalation introduit des composés qui fragilisent les parois des vaisseaux, provoquent une inflammation ou perturbent la fonction endothéliale. Au fil des mois et des années, ces facteurs de stress entraînent des modifications structurelles. Les vaisseaux se rigidifient, leur paroi s'affaiblit et le risque de rupture de plaque ou de formation de caillots augmente progressivement.

Un autre aspect crucial des lésions vasculaires à long terme liées à la consommation de cannabis est leur imprévisibilité. Deux personnes peuvent consommer la même quantité pendant la même durée, et pourtant l'une présente de graves altérations artérielles tandis que l'autre semble relativement épargnée. La prédisposition génétique, l'alimentation, l'activité physique et les pathologies concomitantes influencent tous l'évolution de la maladie. Mais cette imprévisibilité même constitue une part du danger. L'absence de symptômes ne signifie pas qu'une personne est à l'abri. L'absence de signes avant-coureurs ne renseigne en rien sur l'état de l'endothélium ni sur l'épaisseur de la paroi artérielle.

Ce qui complique encore la situation, c'est que de nombreux consommateurs de cannabis se considèrent soucieux de leur santé. Ils évitent les aliments transformés, privilégient un mode de vie bio et font régulièrement de l'exercice. Le cannabis étant naturel, ils estiment qu'il correspond à leur philosophie de santé. Or, les vaisseaux sanguins ne font pas la différence entre la fumée « naturelle » et la fumée « artificielle ». Ils réagissent uniquement aux réactions chimiques et au stress physique. Même ceux qui se targuent de mener une vie saine et consciente peuvent, sans le savoir, accumuler des lésions artérielles silencieuses.

Ces dernières années, la recherche a commencé à explorer les interactions entre le cannabis et d'autres facteurs de risque cardiovasculaires. Les résultats indiquent qu'en cas d'hypertension légère ou d'hypercholestérolémie, les lésions progressent plus rapidement. Les parois des vaisseaux s'affaiblissent plus vite, le dysfonctionnement endothélial s'intensifie, la formation de plaques est facilitée et la courbe de risque s'accentue. Chez les personnes atteintes de diabète ou du syndrome métabolique, le cannabis amplifie les processus inflammatoires qui menacent déjà l'intégrité vasculaire. Il en résulte un risque cumulatif supérieur à celui que chacun de ces facteurs pourrait engendrer individuellement.

Du point de vue d'un chirurgien, le problème ne réside pas seulement dans le nombre croissant de patients nécessitant une intervention, mais aussi dans la complexité de leurs cas. Des opérations qui devraient être simples deviennent techniquement exigeantes. La convalescence, qui devrait se dérouler sans encombre, devient imprévisible. Les résultats à long terme sont moins garantis. C'est pourquoi le Dr London insiste sur la sensibilisation, et non sur la peur. La sensibilisation. La compréhension que la consommation régulière de marijuana n'est pas sans danger pour le système vasculaire, même si ses effets restent silencieux pendant des décennies.

L'histoire des lésions vasculaires silencieuses n'a pas pour but de diaboliser le cannabis, mais de mettre en lumière une vérité souvent négligée. Les vaisseaux ne s'expriment pas bruyamment. Ils murmurent par des changements subtils : un léger épaississement, une inflammation mineure, une perte de souplesse. Avec le temps, ces murmures forment un chœur que l'on ne peut percevoir que par imagerie médicale ou lors d'une intervention chirurgicale. Lorsque les vaisseaux deviennent soudainement manifestes, c'est lors d'un infarctus, d'un AVC ou d'un malaise soudain.

Comprendre comment le cannabis fragilise les vaisseaux sanguins ne signifie pas décourager toute forme de consommation. Il s'agit de reconnaître la réalité biologique qui se cache derrière le terme « fumer ». Il s'agit de prendre conscience de la progression insidieuse du dysfonctionnement endothélial, de la formation de plaques et de l'épaississement artériel. Il s'agit de remplacer les idées reçues par la connaissance et les mythes par des preuves.

Les dommages silencieux restent des dommages. Et pour le cœur et ses vaisseaux, le silence est souvent le son le plus dangereux qui soit.

Chapitre 7 – Le jeune cœur en danger : accidents cardiaques soudains chez les moins de 40 ans

Il existe un mythe dangereux selon lequel la jeunesse serait un bouclier impénétrable, une sorte d'assurance biologique censée protéger le corps des conséquences des choix de vie. Chez les consommateurs de marijuana de moins de quarante ans, cette illusion est particulièrement tenace. Ils se croient invincibles car leurs articulations sont souples, leur endurance élevée et leurs bilans de santé annuels – lorsqu'ils y assistent – ne révèlent que rarement des problèmes inquiétants. Or, la vérité, fruit d'années d'études médicales, d'urgences opératoires et de diagnostics tardifs, est que la marijuana peut déstabiliser le cœur bien plus tôt qu'on ne l'imagine. Si le corps jeune répare rapidement les muscles, la peau et les contusions, le cœur, lui, ne bénéficie pas de cette même tolérance. Son rythme, ses artères et sa stabilité électrique peuvent être perturbés, parfois de façon catastrophique, par un stress physiologique inadapté au mauvais moment. Ce chapitre révèle la vérité dérangeante : les arrêts cardiaques soudains chez les moins de quarante ans sont non seulement possibles, mais de plus en plus fréquents et souvent liés à la consommation de marijuana.

Au cours de la dernière décennie, le Dr London s'est retrouvé à maintes reprises confronté à des cas qui allaient à l'encontre de toutes les idées reçues. Il se souvient notamment d'un cas particulièrement troublant : un jeune homme de vingt-huit ans, admis aux urgences pour une douleur thoracique intense apparue alors qu'il riait avec des amis lors d'une soirée. Les médecins ont d'abord suspecté une anxiété, voire une gastrite ; après tout, le patient paraissait trop jeune pour faire un infarctus. Mais l'électrocardiogramme a révélé une tout autre histoire. Son segment ST était surélevé. Son taux de troponine avait grimpé en flèche. Une artère coronaire avait subi un vasospasme si brutal que le flux sanguin était presque interrompu. Interrogé sur ses habitudes tabagiques, le patient avait répondu passivement qu'il ne fumait pas de cigarettes, ajoutant nonchalamment avoir « tipé un peu de cannabis » un peu plus tôt. Ses propos étaient empreints d'innocence, comme si le cannabis n'était qu'un bruit de fond anodin. Pourtant, la physiopathologie indiquait clairement un vasospasme induit par les cannabinoïdes. Au laboratoire de cathétérisme, les médecins ont observé les artères se contracter et se relâcher de façon imprévisible, se comportant comme des muscles capricieux plutôt que comme les conduits stables et fiables qu'elles étaient censées être. Le patient a survécu, mais seulement après des heures d'incertitude et d'interventions intensives.

Des histoires comme la sienne devenaient de plus en plus fréquentes. Le Dr London a vu de nombreux patients, âgés d'une vingtaine ou d'une trentaine d'années, présenter des arythmies apparemment anormales pour leur âge. Certains arrivaient avec des palpitations si intenses qu'ils se croyaient mourants. D'autres s'effondraient subitement lors d'activités quotidiennes : jogging, travail, cuisine, voire même assis à leur bureau. Le point commun de nombre de ces cas était une consommation récente de marijuana, même en petite quantité. Si certains patients décrivaient une consommation quotidienne, d'autres admettaient n'en être que des consommateurs occasionnels. Ce schéma suggérait que le cœur jeune, malgré sa vigueur, réagit de manière particulière aux effets du THC sur la conductivité électrique et la tension vasculaire. La jeunesse n'offrait aucune protection contre les changements soudains du rythme cardiaque ou la constriction des vaisseaux.

L'interaction du cannabis avec le système cardiovasculaire des jeunes adultes est plus complexe qu'on ne le pense. Ces derniers métabolisent souvent le THC différemment en raison d'un métabolisme basal plus rapide et d'une composition corporelle variable. Leur système nerveux sympathique a tendance à être plus réactif, ce qui entraîne des pics de fréquence cardiaque et des fluctuations de tension artérielle plus importants. Lorsque le THC pénètre dans la circulation sanguine, il déclenche une cascade de réponses autonomes : vasodilatation dans certaines régions, vasoconstriction dans d'autres. Cette réponse inégale impose un stress au cœur, qui doit travailler davantage pour maintenir l'équilibre. Chez une personne de moins de quarante ans, ces variations rapides peuvent sembler anodines de prime abord, car elles se résorbent rapidement. Mais à long terme, elles instaurent une instabilité physiologique, surtout si elles se répètent pendant des mois ou des années.

Un cas concernait une femme de trente ans qui pratiquait le yoga lorsqu'elle s'est soudainement effondrée en pleine posture. Elle semblait en parfaite santé : aucun antécédent familial, aucune maladie diagnostiquée, aucun signe avant-coureur. Les ambulanciers ont d'abord suspecté une déshydratation ou un malaise, mais une fois arrivée à l'hôpital, elle a présenté une fibrillation ventriculaire. Son système électrique cardiaque s'est effondré, provoquant des impulsions chaotiques. La réanimation a été couronnée de succès, mais lorsque le Dr London a examiné son angiographie, il a constaté une légère irritation endothéliale au niveau de ses artères coronaires. L'inflammation n'était pas due au cholestérol ni à une maladie auto-immune ; elle était liée à une exposition chronique. Lorsque son mari a mentionné qu'elle consommait des produits comestibles à base de marijuana et qu'elle vapotait occasionnellement, il l'a dit d'un ton perplexe, comme s'il cherchait à comprendre comment une pratique aussi anodine pouvait être liée à un événement quasi fatal. La réalité, cependant, était que le THC contenu dans les concentrés de vapotage peut pénétrer très rapidement dans le sang à fortes doses, submergeant les mécanismes de régulation du cœur.

Les jeunes adultes sous-estiment souvent leur vulnérabilité, car ils sont conditionnés à considérer le cannabis comme naturel et donc inoffensif. Les réseaux sociaux amplifient cette croyance. Ces plateformes regorgent d'influenceurs qui fument ou consomment du cannabis avec désinvolture, tout en faisant du sport, de la randonnée, en dansant ou en accomplissant des activités synonymes de vitalité et de bien-être. Le message sous-jacent est que le cannabis améliore la vie au lieu de la menacer. Ce que ces jeunes consommateurs ignorent, ce sont les dossiers médicaux examinés par le Dr London : les tracés ECG révélant un déraillement électrique soudain, les angiographies montrant des spasmes artériels interrompant l'irrigation sanguine, ou encore les analyses de laboratoire mettant en évidence un muscle cardiaque en manque d'oxygène. Ils ne voient pas la panique sur les visages des parents dans les salles d'attente des hôpitaux, tentant de comprendre comment leur enfant, actif et en pleine santé, a pu être victime d'un arrêt cardiaque.

Plus inquiétants encore étaient les cas de jeunes hommes et femmes qui pensaient que le cannabis les calmait ou les aidait à dormir. Un homme de vingt-quatre ans, qui consommait du cannabis tous les soirs pour gérer son stress, a été retrouvé inconscient dans sa chambre par son colocataire un matin. À l'hôpital, on a découvert qu'il avait souffert d'une arythmie silencieuse pendant son sommeil, probablement déclenchée par un déséquilibre du système nerveux autonome induit par le THC. Il a survécu, mais a conservé de légers troubles cognitifs à long terme en raison d'une hypoxie prolongée. Lors de nos échanges ultérieurs, il a exprimé son incrédulité. Il a expliqué qu'il pensait que le cannabis ralentissait le rythme cardiaque et détendait le corps, et qu'il était donc moins dangereux que l'alcool ou le tabac. Sa compréhension reposait sur des idées reçues plutôt que sur des données scientifiques.

Ces idées fausses sont particulièrement tenaces chez les jeunes adultes, car beaucoup d'entre eux ont grandi à l'ère de la légalisation et de la normalisation du cannabis. Ce dernier est commercialisé avec des emballages aux couleurs pastel, des slogans décontractés et une approche axée sur le « bien-être ». Les jeunes adultes ignorent les décennies de recherche qui ont démontré les effets du cannabis sur le rythme cardiaque, le système nerveux autonome et la fonction vasculaire. Ils intègrent plutôt les discours actuels qui le présentent comme une plante inoffensive ou un moyen de soulager le stress. Ce décalage entre perception et physiologie est l'une des principales raisons pour lesquelles les accidents cardiaques soudains sont devenus plus fréquents chez les moins de quarante ans.

Un autre exemple frappant est celui d'un ingénieur logiciel de trente-deux ans qui a été victime d'un infarctus alors qu'il se rendait au travail. Il a d'abord confondu la sensation d'oppression dans sa poitrine avec des remontées acides. Lorsque la douleur s'est propagée à sa mâchoire et qu'il a eu des vertiges, il s'est arrêté et a appelé une ambulance. À l'hôpital, on a découvert une obstruction dans une petite artère coronaire, pourtant vitale. Il ne s'agissait pas de l'accumulation classique de plaque observée chez les personnes âgées, mais d'un caillot provoqué par une inflammation vasculaire et un dysfonctionnement endothélial. Il a admis plus tard avoir commencé à vapoter de l'huile de THC à forte concentration presque quotidiennement pour gérer son stress professionnel. Vapoter, disait-il, lui semblait plus propre que fumer et donc plus sûr. Ce qu'il ignorait, c'est que les particules ultrafines et les additifs chimiques contenus dans la vapeur peuvent enflammer rapidement les vaisseaux sanguins, créant ainsi les conditions idéales à la formation de caillots, même chez des personnes jeunes et apparemment en bonne santé.

Le Dr London réfléchissait souvent à la façon dont des cas comme ceux-ci avaient modifié sa compréhension de la perception du risque. Les jeunes ont tendance à associer les crises cardiaques aux personnes âgées, qui ont des décennies de mauvaises habitudes de vie derrière elles. Ils imaginent des artères obstruées par une épaisse plaque, et non les spasmes soudains ou les réactions inflammatoires aiguës induites par le cannabis. Par conséquent, les jeunes adultes peuvent tarder à consulter un médecin dès l'apparition des symptômes. Ce retard peut être fatal. Dans plusieurs cas, des patients de moins de quarante ans ont attendu des heures avant de se rendre à l'hôpital, croyant que la douleur était musculaire ou liée au stress. À leur arrivée, les tissus cardiaques avaient déjà subi des dommages irréversibles.

La physiologie du cœur jeune crée également une illusion de protection. Par exemple, les parois artérielles sont généralement plus élastiques chez les jeunes, ce qui pourrait sembler un avantage. Cependant, cette élasticité les rend aussi plus réactives aux stimuli chimiques. Lorsque le THC induit une vasoconstriction, les artères peuvent se contracter brutalement et fortement, interrompant l'apport sanguin de façon plus importante que dans les artères plus âgées et plus rigides. De même, le système de conduction du cœur jeune est rapide et réactif, mais cela le rend plus vulnérable aux anomalies du rythme cardiaque en cas de surstimulation. Des arythmies telles que la fibrillation auriculaire, la tachycardie supraventriculaire et même les arythmies ventriculaires ont été observées chez de jeunes consommateurs de cannabis sans antécédents médicaux.

Un autre facteur de risque chez les moins de quarante ans provient de certaines combinaisons de modes de vie. Les jeunes adultes associent souvent le cannabis à d'autres choix : boissons énergisantes, alcool, exercices physiques intenses ou manque de sommeil. Chacun de ces facteurs, pris individuellement, augmente le stress cardiaque. Combiné aux effets physiologiques du THC, il peut créer un déséquilibre dangereux. Le Dr London se souvient du cas d'un passionné de fitness de vingt-six ans qui fumait du cannabis avant ses séances d'entraînement, car il pensait que cela améliorait sa concentration. Lors d'une séance, il a fait un arrêt cardiaque soudain. La réanimation lui a sauvé la vie, mais le diagnostic ultérieur a révélé qu'il avait subi une arythmie maligne déclenchée par le THC, combinée à une forte poussée d'adrénaline due à l'effort physique. Cette activation intense du système nerveux sympathique a créé un contexte catastrophique au sein d'un cœur par ailleurs sain.

Il y a aussi eu des cas où le cannabis a joué un rôle sous-jacent et silencieux. Une jeune femme de vingt-neuf ans s'est présentée à l'hôpital après avoir perdu connaissance dans un escalier. Les examens ont révélé une myocardite, une inflammation du muscle cardiaque. Bien qu'elle ne présentât aucune infection, maladie auto-immune ou facteur de risque pouvant expliquer cette affection, elle a admis consommer du cannabis tous les soirs. L'exposition au THC, combinée à une prédisposition dont elle ignorait l'existence, a déclenché une réaction inflammatoire en chaîne. Sa convalescence a nécessité des mois de traitement médicamenteux et une activité physique réduite, une situation qu'elle n'aurait jamais imaginée vivre avant la trentaine.

Ce qui relie tous ces témoignages, c'est une vérité troublante : le cœur des moins de quarante ans n'est pas à l'abri des conséquences cardiovasculaires du cannabis. Les arrêts cardiaques soudains chez les jeunes adultes ne sont pas des anomalies médicales ; il s'agit de schémas cliniques de plus en plus reconnus. Nombre de ces patients semblent en bonne santé, en pleine forme et dynamiques, mais cette apparence superficielle masque des changements subtils qui se produisent au sein des réseaux vasculaires et électriques du cœur.

Le Dr London a progressivement appris à poser des questions précises aux jeunes patients qui présentaient des symptômes. Il ne se contentait plus de leur demander s'ils fumaient, mais s'intéressait à ce qu'ils fumaient, à la fréquence et au mode de consommation. Nombre d'entre eux n'évoquaient pas initialement leur consommation de marijuana, car ils ne la jugeaient pas pertinente. Ce n'est qu'après avoir raconté leurs habitudes que les choses s'éclaircissaient. Le décalage entre la perception du public et la réalité médicale était flagrant lors de ces échanges. Beaucoup de jeunes croyaient que la marijuana était sans danger, car ils avaient grandi en entendant dire que ce n'était « qu'une plante ». Rares étaient ceux qui comprenaient que le marché actuel propose des produits bien plus puissants que la marijuana des décennies précédentes.

Le cœur des jeunes est un organe dynamique et très réactif, et cette sensibilité le rend plus vulnérable aux stress aigus induits par le THC. Si les personnes âgées sont souvent confrontées à un déclin cardiovasculaire chronique, les jeunes adultes sont plus sujets à des événements électriques ou vasculaires soudains. Ces événements surviennent sans prévenir et peuvent se produire lors d'activités aussi banales que le sommeil ou aussi dynamiques que l'exercice physique.

La jeunesse n'est pas un gage d'immunité. Au contraire, elle crée un angle mort dangereux.

À la fin de ce chapitre, le message central apparaît clairement : le cannabis présente des risques réels et immédiats pour les moins de quarante ans, des risques trop souvent négligés ou ignorés. Les patients qui se sont retrouvés sur la table d'opération ou en soins intensifs cardiologiques n'auraient jamais imaginé que le cannabis puisse jouer un rôle dans leurs crises médicales. Leurs histoires nous rappellent que le cœur des jeunes, aussi robuste soit-il, n'est pas indestructible. Et dans un monde où la consommation de cannabis est de plus en plus répandue et culturellement normalisée, il est essentiel de comprendre cette vulnérabilité – non pas pour effrayer, mais pour protéger ceux qui se croient invulnérables du seul fait de leur âge.

Chapitre 8 – Risques d'AVC et d'arythmie : les effets secondaires négligés

Pour la plupart des consommateurs de marijuana, l'idée qu'elle puisse provoquer un AVC ou un trouble du rythme cardiaque dangereux paraît absurde, voire risible. Ils imaginent les AVC comme des événements qui ne touchent que les personnes âgées, diabétiques ou ayant mené des décennies de mauvaises habitudes de vie. Les arythmies, elles aussi, sont perçues comme des problèmes liés aux personnes âgées, et non aux étudiants, aux jeunes actifs ou aux consommateurs occasionnels qui considèrent la marijuana comme un moyen inoffensif de se détendre. Pourtant, derrière les portes closes des services hospitaliers et des urgences, une tendance inquiétante se dessine : des AVC et des arythmies induits par la marijuana chez des personnes qui se croyaient bien trop jeunes et en trop bonne santé pour de telles complications. Ces événements ne préviennent pas. Ils surviennent soudainement, violemment et souvent sans aucun symptôme précurseur. Le point commun à nombre de ces cas est l'impact méconnu du THC sur les vaisseaux sanguins, la transmission électrique du signal et la stabilité circulatoire.

Le risque d'AVC, en particulier, a augmenté d'une manière qui a surpris même les cliniciens les plus expérimentés. Le Dr London repensait souvent au cas d'une femme de trente-quatre ans amenée aux urgences par son compagnon après avoir soudainement perdu l'usage de la parole. Ses mots se brisaient en fragments indistincts et un côté de son visage s'est affaissé. Au début, son compagnon insistait sur le fait qu'elle était trop jeune pour faire un AVC. Mais un scanner rapide a révélé un caillot logé dans une petite artère essentielle irriguant son centre du langage. Ce caillot ne ressemblait pas à ceux formés par une accumulation de cholestérol à long terme ; il semblait au contraire récent, d'apparition brutale et provoqué par un accident vasculaire soudain. Interrogé sur ses habitudes récentes, son compagnon a mentionné, l'air de rien, qu'elle avait inhalé quelques bouffées de cannabis vaporisé plus tôt dans la soirée. L'association lui paraissait impossible, mais les examens physiologiques racontaient une autre histoire. Ses artères, déjà irritées par des mois d'exposition à une forte concentration de THC, s'étaient fortement contractées. Un petit caillot s'est formé puis a migré, interrompant la circulation sanguine vers une région vitale de son cerveau.

L'idée que le cannabis puisse déclencher de tels événements repose sur un fait fondamental : le THC affecte considérablement les vaisseaux sanguins. Il peut provoquer leur constriction, leur dilatation ou une oscillation entre ces deux états, créant ainsi des turbulences dans le flux sanguin. Chez de nombreux jeunes consommateurs, ces fluctuations passent inaperçues. Mais en réalité, ces variations irrégulières du tonus vasculaire créent des conditions idéales pour la formation de caillots. Lorsqu'un vaisseau se contracte brutalement, les composants sanguins se rapprochent. Les plaquettes s'agglutinent, les filaments de fibrine s'entrelacent rapidement et un caillot se forme avec une facilité surprenante. Si ce caillot se détache, il peut migrer vers le cerveau et obstruer une artère fragile. Il ne s'agit pas d'une hypothèse. C'est le mécanisme à l'origine de nombreux AVC traités par le Dr London chez de jeunes consommateurs de cannabis.

Un autre aspect tout aussi préoccupant est l'effet du THC sur la tension artérielle. On associe souvent le cannabis à la relaxation, en imaginant une diminution du stress et des tensions physiologiques. Les premiers stades de l'intoxication peuvent effectivement induire une sensation de calme. Mais ce que les consommateurs ne voient pas, c'est la brusque augmentation du rythme cardiaque et de la tension artérielle qui survient fréquemment dans les minutes qui suivent l'inhalation ou l'ingestion. Cette stimulation du système nerveux sympathique peut être suffisamment puissante pour endommager la paroi des vaisseaux sanguins ou détacher des plaques d'athérome préexistantes. Même chez les personnes ne présentant pas d'accumulation de plaque, cette hausse soudaine de pression peut créer des microdéchirures dans les cellules endothéliales, exposant ainsi des surfaces vulnérables aux facteurs de coagulation circulants. Ces lésions microscopiques sont invisibles pour le consommateur, mais elles constituent le terreau d'événements qui peuvent s'aggraver considérablement.

Les arythmies, ces troubles du rythme cardiaque, restent souvent insidieusement invisibles jusqu'à leur apparition. L'impact du cannabis sur le système électrique du cœur est largement sous-estimé. Le THC interagit avec des récepteurs non seulement dans le cerveau, mais aussi dans le tissu cardiaque lui-même. Ces récepteurs modulent les canaux ioniques responsables du maintien d'un rythme régulier. Lorsque le THC perturbe ces canaux, il peut déclencher des décharges cardiaques irrégulières. Chez certains consommateurs, cela se manifeste par de brèves palpitations ou un léger tremblement qu'ils négligent. Mais chez d'autres, notamment ceux qui y sont génétiquement prédisposés, déshydratés, stressés ou qui consomment du cannabis en association avec de l'alcool ou de la caféine, cette perturbation peut dégénérer en fibrillation auriculaire ou en tachycardie.
Le docteur London se souvenait d'une étudiante de vingt-sept ans venue aux urgences se plaignant d'une accélération incontrôlable du rythme cardiaque. Son pouls atteignait près de 180 battements par minute. Elle avait participé à une soirée, fumé plusieurs joints, et avait soudain ressenti une oppression thoracique. Elle avait expliqué aux infirmières n'avoir jamais eu de problèmes cardiaques auparavant et pensait souffrir d'un problème pulmonaire. Mais l'électrocardiogramme révéla une tachycardie supraventriculaire. Cette arythmie était due à un dysfonctionnement électrique, provoqué par la surstimulation de son système nerveux autonome induite par le THC. Il fallut des médicaments et des manœuvres contrôlées pour ralentir son rythme cardiaque. Par la suite, elle fut choquée que le cannabis puisse en être la cause.

Les cas de fibrillation auriculaire étaient tout aussi fréquents. Un banquier de trente-neuf ans s'est présenté aux urgences avec une soudaine sensation d'essoufflement et des palpitations après une soirée passée à fumer du cannabis entre amis. Il ne souffrait ni d'hypertension, ni de problèmes de cholestérol, et n'avait aucun antécédent familial. Pourtant, les signaux irréguliers et chaotiques dans ses oreillettes l'exposaient à un risque de formation de caillots dans les cavités cardiaques, susceptibles de migrer vers le cerveau et de provoquer un AVC. Même après la disparition de l'arythmie, les médecins lui ont expliqué que cet épisode augmentait son risque d'AVC à vie en créant un schéma d'instabilité électrique pouvant se reproduire de manière inattendue. Incrédule, il pensait que la fibrillation auriculaire touchait uniquement les personnes âgées, et non quelqu'un qui courait des semi-marathons et se considérait comme soucieux de sa santé, hormis sa consommation occasionnelle de cannabis à des fins récréatives.

Dans de nombreux cas, les risques d'AVC et d'arythmie se chevauchent, formant une combinaison dangereuse. Les personnes souffrant d'arythmie induite par le THC peuvent présenter un flux sanguin irrégulier au sein du cœur. Ces turbulences favorisent la formation de caillots dans les oreillettes. Une fois formés, ces caillots peuvent être propulsés dans la circulation sanguine et atteindre le cerveau. C'est pourquoi même des épisodes isolés de fibrillation auriculaire sont préoccupants, surtout lorsqu'ils sont déclenchés par des substances comme le cannabis, susceptibles d'entraîner des troubles répétés.

Un cas particulièrement tragique concerne une enseignante de trente-deux ans, retrouvée inconsciente à son domicile par un voisin. Transportée d'urgence à l'hôpital, elle souffrait d'un accident vasculaire cérébral massif. Un caillot s'était formé dans son cœur lors d'une arythmie non diagnostiquée et avait migré jusqu'à obstruer une des principales artères irriguant son cerveau. Elle a subi une intervention chirurgicale d'urgence pour retirer le caillot. Dans les jours qui ont suivi, alors que le Dr London reconstituait ses antécédents médicaux, il a découvert qu'elle vapotait du cannabis plusieurs fois par semaine pour gérer son anxiété chronique. L'autopsie a révélé un système cardiovasculaire par ailleurs sain, à l'exception de signes d'instabilité électrique du tissu cardiaque, probablement aggravés par une exposition répétée au THC. Ses amis ont déclaré plus tard avoir toujours pensé que vapoter était la méthode la plus sûre et la plus propre de consommer du cannabis, et elle partageait cette conviction.

Un autre concept souvent négligé est le syndrome de vasoconstriction cérébrale réversible (SVCR), une affection plus fréquente chez les jeunes consommateurs de cannabis qu'on ne le pense. Dans le SVCR, les artères du cerveau se contractent de façon imprévisible, limitant le flux sanguin. Ceci provoque des maux de tête intenses et soudains, parfois décrits comme des « céphalées en coup de tonnerre ». Dans les cas graves, ce rétrécissement peut entraîner un accident vasculaire cérébral (AVC). Le Dr London se souvient d'un homme de trente ans arrivé aux urgences, la tête entre les mains, incapable d'ouvrir les yeux tant la douleur était vive. Il décrivait la sensation comme si « quelque chose explosait à l'intérieur de lui ». L'imagerie a révélé un rétrécissement de plusieurs artères cérébrales. La cause a été identifiée : un puissant produit comestible à base de cannabis qu'il avait consommé auparavant, qui avait libéré une forte dose de THC dans son sang trop rapidement. Les vaisseaux ont réagi en se contractant, déclenchant une réaction en chaîne qui aurait facilement pu dégénérer en AVC.

Malgré ces cas alarmants, l'idée que le cannabis est inoffensif persiste, notamment en raison de l'inconstance de ses effets. Tous les consommateurs ne ressentent pas de palpitations, ni ne font d'AVC. Cette variabilité crée un faux sentiment de sécurité, persuadant certaines personnes que le cannabis est sans danger alors qu'en réalité, leur physiologie individuelle peut simplement masquer les signes avant-coureurs. Certaines personnes possèdent des vaisseaux sanguins génétiquement résistants ou un système de conduction électrique naturellement stable. D'autres, sans le savoir, peuvent se trouver à la limite du risque, le THC agissant comme le facteur déclenchant susceptible de les plonger dans une crise médicale.

Un autre facteur contribuant aux risques sous-estimés est la puissance des produits à base de cannabis modernes. Les concentrations de THC ont considérablement augmenté par rapport à celles connues par les générations précédentes. Ces variétés et concentrés à forte teneur en THC délivrent des doses puissantes qui saturent les systèmes de régulation de l'organisme. Les vaisseaux se contractent plus fortement. Le rythme cardiaque s'accélère. La pression artérielle augmente brutalement. Et tandis qu'une personne âgée peut ressentir immédiatement ces changements, son système cardiovasculaire étant moins flexible, les jeunes adultes peuvent ne rien ressentir. Leur organisme compense, jusqu'à ce qu'il ne puisse plus.

Le Dr London se demandait souvent combien d'AVC et d'arythmies auraient pu être évités si les consommateurs comprenaient la réaction en chaîne physiologique qu'ils déclenchaient. Il imaginait à quel point les gens se comporteraient différemment s'ils réalisaient que le THC peut provoquer de fortes contractions des cellules musculaires lisses des parois artérielles, semblables à une crampe soudaine. Ces contractions peuvent interrompre la circulation sanguine dans les vaisseaux délicats du cerveau ou entraîner un rétrécissement dangereux des artères coronaires qui irriguent le cœur. La même stimulation du système nerveux autonome qui procure à certaines personnes une sensation d'euphorie ou de légèreté peut dégrader le rythme cardiaque.

Un autre phénomène inquiétant est apparu lorsque le THC était associé à la déshydratation, un problème fréquent chez les jeunes qui consomment de la caféine, pratiquent une activité physique intense ou négligent de s'hydrater correctement. La déshydratation épaissit le sang, augmentant ainsi le risque de formation de caillots. Conjuguée à la vasoconstriction induite par le THC, cette situation accroît considérablement le risque d'AVC. Le Dr London a traité plusieurs patients de moins de quarante ans ayant subi un AVC pendant ou après des séances d'entraînement où ils avaient consommé du cannabis au préalable. L'association d'une hydratation réduite, d'une accélération du rythme cardiaque et des effets du THC a créé des conditions propices à un collapsus vasculaire ou à la formation de caillots.

Ce qui rend ces situations encore plus dangereuses, c'est le diagnostic tardif. Les jeunes usagers négligent souvent les premiers symptômes d'un AVC ou d'une arythmie. Un engourdissement ou des picotements peuvent être confondus avec de l'anxiété. Des vertiges soudains peuvent être attribués à la faim ou à la déshydratation. Une gêne thoracique est minimisée et prise pour une simple contracture musculaire. Un rythme cardiaque irrégulier est attribué au stress. Ces retards dans la prise en charge médicale peuvent entraîner des lésions irréversibles. Nombre de jeunes patients arrivent trop tard pour recevoir des médicaments thrombolytiques ou une intervention électrique à temps.

En examinant ces cas au fil des ans, le Dr London a constaté que les complications vasculaires et rythmiques liées au cannabis n'étaient pas aléatoires. Elles suivaient des schémas précis, liés à la dose, à la fréquence de consommation, à la puissance du cannabis et aux vulnérabilités individuelles. Des schémas qui révélaient une vérité claire, souvent ignorée : le cannabis n'est pas sans danger simplement parce qu'il est naturel. Il affecte les vaisseaux sanguins avec la même puissance que de nombreuses substances synthétiques. Il modifie le rythme cardiaque avec la même imprévisibilité que les stimulants. Et il expose des populations qui se croyaient traditionnellement à l'abri aux risques d'AVC et d'arythmie.

Les jeunes adultes qui se sont présentés aux urgences n'étaient pas des personnes imprudentes ; beaucoup étaient instruits, soucieux de leur santé et socialement responsables. Leur plus grande erreur a été de croire que le cannabis était sans danger pour leur système cardiovasculaire, car personne ne les avait informés du contraire.

Ce chapitre nous rappelle que le cerveau et le cœur fonctionnent avec une précision remarquable. Toute perturbation du flux sanguin ou du rythme cardiaque, quelle qu'en soit l'origine, a des conséquences. Lorsque le THC perturbe le tonus vasculaire, la pression artérielle et la signalisation électrique, ces conséquences peuvent être soudaines et graves. Les risques d'AVC et d'arythmie ne sont pas de simples possibilités lointaines pour les jeunes consommateurs ; ils sont bien réels, immédiats et largement sous-estimés.

Comprendre ces risques ne revient pas à susciter la peur, mais à rétablir la clarté là où la désinformation s'est propagée. À mesure que le cannabis se normalise dans la société, il devient plus urgent de reconnaître son impact cardiovasculaire. Le savoir n'est pas un obstacle au plaisir ; c'est une protection contre des dommages irréversibles.

Chapitre 9 – Composition de la fumée de marijuana : toxines, goudron et sous-produits de combustion

La plupart des personnes qui défendent le cannabis comme une substance totalement inoffensive fondent leur conviction sur le fait qu'il s'agit d'une plante. Elles soutiennent que tout ce qui pousse dans la terre, est arrosé par la pluie et nourri par la lumière du soleil ne peut en aucun cas produire d'effets dangereux lorsqu'il est brûlé et inhalé.*organique*Dans la culture moderne, la combustion a pris une dimension quasi magique, que beaucoup utilisent pour justifier leurs choix sans remettre en question les fondements scientifiques. Pourtant, la vérité, observée depuis des décennies en médecine et en chimie, est que la combustion de toute matière végétale produit des toxines. Peu importe que la plante ait poussé dans un jardin ou dans une serre biologique certifiée. Dès que le feu la touche, sa composition chimique se modifie et la fumée devient un cocktail de substances chimiques nocives que les poumons ne sont pas conçus pour éliminer.

Pour le Dr London, la preuve la plus flagrante de cette réalité ne provenait pas des débats académiques, mais de l'odeur et de l'épaisseur de la fumée elle-même. La fumée de marijuana persiste dans les couloirs des hôpitaux, sur les vêtements des patients et dans l'air des salles d'attente lorsque les visiteurs sortent pour fumer quelques bouffées. Elle est aussi lourde que la fumée de tabac : même résidu collant, même sensation de brûlure intense. Quiconque a déjà traversé un nuage de fumée de marijuana sait instinctivement qu'il ne s'agit pas simplement de vapeur d'eau ou d'une brume inoffensive. L'odeur tenace qui s'accroche aux tissus témoigne de la présence de particules qui restent en suspension longtemps après la dissipation de la fumée.

Pour comprendre ce qui se passe lorsque le cannabis brûle, il faut d'abord comprendre la combustion elle-même. Le feu est une réaction chimique, et non un simple moyen de produire de la chaleur. Lorsque la matière végétale s'enflamme, la cellulose, les huiles et les composés biologiques qu'elle contient commencent à se décomposer. Leurs structures moléculaires se décomposent sous l'effet de la chaleur intense et se réassemblent en de nouveaux composés qui n'existaient pas dans la plante auparavant. Certains de ces composés sont relativement inoffensifs, mais beaucoup sont toxiques. Ces toxines ne font pas de distinction entre les plantes naturelles et biologiques. La combustion les transforme en substances irritantes, cancérigènes et en particules fines qui pénètrent profondément dans les poumons.

L'un des principaux composants de la fumée de marijuana est le goudron. Le goudron n'est pas une substance unique, mais un mélange de plusieurs produits chimiques formant une matière collante et résineuse. Le goudron de cigarette est tristement célèbre pour tacher les doigts et les dents des fumeurs réguliers, mais le goudron de marijuana est chimiquement similaire et, dans certains cas, plus dense en raison des huiles contenues dans la plante. Lorsque la marijuana brûle, la fumée transporte ce goudron dans les voies respiratoires. À chaque inhalation, le goudron recouvre la paroi des bronches et des alvéoles, adhérant aux structures délicates responsables des échanges gazeux. Avec le temps, cette accumulation restreint le flux d'air, irrite les poumons et augmente le risque de maladies chroniques.

Le docteur London avait examiné, lors d'interventions chirurgicales, les poumons de personnes qui affirmaient n'avoir jamais fumé de cigarettes, seulement du cannabis. La décoloration et les résidus à l'intérieur de la cage thoracique étaient indéniables. Bien que ces poumons ne soient pas identiques à ceux de fumeurs de tabac de longue date, les différences étaient bien moindres qu'on ne l'aurait imaginé. Les dépôts de goudron du cannabis laissaient des traces de tissu foncé et irrégulier, ainsi que des bronches irritées, témoignant d'une inhalation répétée de particules chaudes au niveau du système respiratoire.

Un autre aspect préoccupant de la fumée de marijuana est la présence de fines particules en suspension dans l'air chaud. Ces particules, dont beaucoup sont microscopiques, pénètrent profondément dans les poumons. Contrairement aux particules plus grosses que le corps peut éliminer par la toux ou le mucus, ces minuscules fragments se logent dans les alvéoles pulmonaires, ces petits sacs qui permettent le passage de l'oxygène dans le sang. Une fois piégés, ils provoquent une inflammation. À court terme, cela se traduit par une toux ou une irritation que de nombreux consommateurs considèrent comme normales. Cependant, au fil des années, cette inflammation chronique peut altérer la structure des poumons et contribuer à des maladies telles que la bronchite chronique et une diminution de la capacité pulmonaire.

Lorsqu'on aborde la question des toxines présentes dans la fumée de marijuana, la conversation se tourne souvent vers les substances cancérigènes, ces composés chimiques reconnus pour être responsables du cancer et largement présents dans le tabac. Or, beaucoup ignorent que la fumée de marijuana contient bon nombre des mêmes substances cancérigènes que l'on trouve dans la fumée de cigarette, notamment le benzène, le toluène, le formaldéhyde et les hydrocarbures aromatiques polycycliques (HAP). Ces composés ne sont pas spécifiques au tabac ; ce sont des sous-produits de la combustion de matières organiques. Qu'il s'agisse de fumer une cigarette, un joint de marijuana ou même un morceau de bois, ces substances chimiques se forment. La différence réside dans l'exposition : lorsqu'une personne inhale directement la fumée d'un joint ou d'une pipe, ses poumons sont exposés à une dose concentrée de ces substances cancérigènes.

Une idée reçue très répandue est que le cannabis produit une fumée plus « propre » que le tabac car il ne contient pas d'additifs. Or, les additifs ne sont pas la principale source de substances cancérigènes dans la fumée de cigarette. Ces substances proviennent de la combustion elle-même. C'est la combustion qui génère les toxines, et non les produits chimiques ajoutés au produit. Même si une plante est cultivée selon les méthodes d'agriculture biologique les plus rigoureuses, sa fumée contiendra toujours des sous-produits nocifs une fois enflammée.

Le docteur London a un jour soigné un patient persuadé que ses poumons étaient protégés par la culture de son propre cannabis. Il décrivait fièrement comment il évitait les pesticides, les engrais et les additifs. Mais lorsque ses examens ont révélé une inflammation importante et des signes précoces de lésions des voies respiratoires, son incrédulité était palpable. Il insistait sur le fait que sa fumée ne pouvait pas être nocive puisqu'il la produisait lui-même avec soin. Lorsque le docteur London lui a expliqué que c'était le feu lui-même, et non la culture, qui était la source des toxines, le patient est resté silencieux, assimilant une vérité qu'il avait refusé d'admettre pendant des années.

La combustion du cannabis produit également des composés comme l'ammoniaque et le cyanure d'hydrogène. Ces substances irritent les yeux, la gorge et les voies respiratoires, contribuant à la sensation de brûlure ressentie par de nombreux consommateurs. La toux qui s'ensuit est souvent perçue comme une réaction normale, voire même considérée par certains comme le signe d'un effet puissant. Pourtant, la toux est un mécanisme de défense. Elle signale que les poumons sont agressés et tentent désespérément d'expulser les substances nocives.

Plus l'inspiration est profonde, plus la fumée reste longtemps dans les poumons. De nombreux consommateurs ont appris – à tort – que cette technique intensifie l'effet du THC. En réalité, le THC est absorbé en quelques secondes. Retenir la fumée augmente simplement l'exposition au goudron et aux toxines, leur permettant de se déposer plus profondément dans les tissus pulmonaires. Cette pratique accroît également l'absorption de monoxyde de carbone, un autre composant dangereux de la fumée de cannabis. Le monoxyde de carbone se fixe à l'hémoglobine plus efficacement que l'oxygène, réduisant ainsi l'apport d'oxygène aux tissus. À terme, cela peut entraîner fatigue, baisse d'énergie et problèmes cardiovasculaires chroniques.

Outre sa composition chimique, la température de la fumée de cannabis représente un risque supplémentaire. La chaleur dégagée lors de la combustion est suffisamment intense pour endommager les cellules tapissant les voies respiratoires. Ces cellules, fragiles par nature, sont conçues pour permettre à l'oxygène de passer facilement dans le sang. Une exposition répétée à des températures élevées entraîne leur mort ou leur dysfonctionnement. Dans certains cas, les voies respiratoires tentent de se protéger en produisant davantage de mucus ou en épaississant leur muqueuse, un processus qui finit par obstruer le flux d'air et réduire l'efficacité pulmonaire.

Une autre source souvent négligée de toxines dans la fumée de marijuana est le processus de culture lui-même, même pour les plantes étiquetées biologiques. Bien que de nombreux cultivateurs recherchent la pureté, la contamination peut se produire par le sol, l'air et l'eau. Des métaux lourds tels que le plomb, l'arsenic et le cadmium ont été détectés dans les plants de marijuana, absorbés par des sols ou des engrais contaminés. Lors de la combustion, ces métaux se vaporisent et se retrouvent dans la fumée inhalée. Ils s'accumulent ensuite dans les poumons et le sang, contribuant à une toxicité à long terme. Le Dr London a évoqué des cas de patients présentant des taux élevés de métaux lourds dans le sang, alors qu'ils n'avaient jamais fumé de cigarettes ni vécu à proximité de zones de pollution industrielle. Dans plusieurs cas, la marijuana était la seule source plausible.
De plus, les moisissures sont fréquentes dans le cannabis stocké, surtout en cas de séchage inadéquat ou de conservation dans un environnement humide. La combustion des moisissures ne neutralise pas leurs spores ; au contraire, elle libère des substances irritantes supplémentaires dans la fumée. L'inhalation de ces spores peut entraîner des infections respiratoires, des réactions allergiques graves et, dans de rares cas, des mycoses difficiles à traiter. Bien que ces risques soient plus fréquents chez les personnes immunodéprimées, ils constituent une menace pour toute personne inhalant de la fumée contaminée.

Même le vapotage, souvent considéré comme une alternative plus sûre, n'élimine pas la plupart de ces risques. Bien qu'il évite la combustion, il chauffe les huiles à des températures suffisamment élevées pour libérer des particules ultrafines et des composés organiques volatils. La concentration peut différer de celle de la fumée, mais le problème fondamental demeure : l'inhalation de particules et de substances chimiques dans les poumons expose le système respiratoire à des risques qu'il n'est pas conçu pour gérer. Le Dr London avait constaté des lésions pulmonaires dues au vapotage, tout comme il en avait constaté pour la fumée, bien que les manifestations diffèrent. Dans les deux cas, les utilisateurs pensaient que ces méthodes étaient sans danger car elles n'impliquaient pas de combustion.

Un autre aspect important de la fumée de marijuana est sa teneur en cannabinoïdes, qui interagissent avec l'organisme au-delà du cerveau. Ces composés peuvent affaiblir les défenses immunitaires pulmonaires, rendant ainsi la lutte contre les infections plus difficile. Les cils vibratiles, ces minuscules poils qui tapissent les voies respiratoires, constituent le système de nettoyage des poumons. Leur mouvement rythmique élimine la poussière, les débris et les micro-organismes. L'exposition à la fumée paralyse ces cils. Dans cet état de paralysie temporaire, les poumons perdent leur capacité d'auto-nettoyage. Une exposition répétée prolonge cette paralysie, permettant aux toxines et aux agents pathogènes de s'infiltrer plus profondément dans les voies respiratoires. Au fil des mois et des années, cela contribue à une inflammation chronique et augmente le risque de maladies respiratoires.

L'idée que la fumée de marijuana serait intrinsèquement moins nocive que celle du tabac, car provenant d'une plante différente, relève davantage d'une perception culturelle que d'un fait scientifique. Les substances chimiques produites par la combustion de matières organiques ne font pas de distinction. Elles se comportent selon des lois chimiques, et non selon des croyances sociales. Le Dr London s'était souvent demandé comment les gens percevraient la marijuana s'ils comprenaient que les lésions pulmonaires qu'il avait constatées étaient dues à l'inhalation des mêmes types de substances qu'ils éviteraient dans presque tous les autres contextes : goudron, substances cancérigènes, monoxyde de carbone, métaux lourds et composés organiques volatils.

Les poumons, avec leurs membranes délicates et leurs voies respiratoires complexes, n'ont jamais été conçus pour filtrer la fumée, quelle qu'elle soit. Leur rôle est d'assurer les échanges gazeux (oxygène et dioxyde de carbone), et non de traiter les produits de la combustion. Chaque inspiration les oblige à gérer des substances chimiques qu'ils ne sont pas capables de neutraliser. Chaque bouffée engendre des dommages microscopiques qui s'aggravent avec le temps.

La composition de la fumée de marijuana n'est pas un mystère dissimulé dans les revues médicales. C'est une conséquence prévisible de la combustion de la matière végétale. Les toxines ne disparaissent pas simplement parce que la plante a été cultivée sans produits chimiques. Le goudron ne se dissout pas parce que le consommateur croit que l'expérience est inoffensive. Les substances cancérigènes ne disparaissent pas parce que la culture présente la marijuana comme un produit naturel. La combustion transforme la matière organique en substances que les poumons ne peuvent pas éliminer sans danger.

Comprendre la composition de la fumée de marijuana, c'est fondamentalement accepter la réalité plutôt que la perception. C'est reconnaître qu'une plante naturelle, une fois brûlée, produit des effets néfastes sur le corps humain. Et c'est réaliser qu'aucun marketing, aucune culture, aucune croyance personnelle ne peut modifier la chimie de la combustion.

Chapitre 10 – Poumons noircis : ce que les chirurgiens observent chez les fumeurs réguliers de marijuana

Le bloc opératoire a le don de dissiper les illusions. En dehors des murs de l'hôpital, on s'accroche à des croyances – culturelles, générationnelles, alimentées par le marketing ou par des vœux pieux. Mais à l'intérieur du bloc, la vérité se révèle sans équivoque. Les chirurgiens apprennent vite que le corps ne ment pas. Il dévoile chaque habitude, chaque substance inhalée, chaque choix de vie accumulés discrètement au fil des ans. Le Dr Jeremy London constatait souvent que, malgré les affirmations catégoriques sur l'innocuité du cannabis, les poumons qu'il ouvrait racontaient une tout autre histoire. Face à une cage thoracique ouverte, la preuve était là, sous ses yeux – crue, indéniable, et souvent choquante, même pour les patients persuadés d'avoir fait des choix « sains ».

Pendant plus de vingt-cinq ans, il avait observé un schéma récurrent. Tout commençait par des cas individuels qui paraissaient inhabituels, voire surprenants au premier abord. Un jeune homme d'une quarantaine d'années, qui n'avait jamais fumé une cigarette, arriva aux urgences en sueur, souffrant d'une douleur lancinante à la poitrine qui irradiait dans son bras gauche. Une femme à peine quinquagénaire qui peinait à respirer après un effort minime, malgré ses affirmations selon lesquelles elle menait une vie « naturelle » et évitait les aliments transformés, l'alcool et le tabac. Un étudiant mince et sportif qui s'effondra lors de son jogging matinal, laissant tout le monde perplexe lorsque les examens d'imagerie révélèrent de graves obstructions coronaires généralement observées chez des personnes deux fois plus âgées. Leurs histoires étaient très différentes, mais un détail les unissait : une consommation régulière de marijuana.

Nombre de ces patients avaient passé leur vie entière persuadés que le cannabis était une option plus sûre, une alternative naturelle, une fumée inoffensive. De nombreuses conversations reflétaient ce même sentiment : des phrases comme « C'est naturel », « Ce n'est qu'une plante » ou « Ce n'est pas comme les cigarettes » circulaient avec une sorte de certitude culturelle. Pourtant, lorsque le Dr London ouvrit leur cage thoracique et examina directement les tissus qui les maintenaient en vie, ce qu'il découvrit remettait constamment en question ces idées reçues. Les poumons, autrefois roses et spongieux, étaient recouverts d'une épaisse couche de suie incrustée dans les replis tissulaires. Des stries noircies se ramifiaient en motifs délicats, témoins d'années d'inhalation de fumée. Ces poumons étaient souvent identiques à ceux des fumeurs de cigarettes de longue date, et parfois même pires.

Il se souvenait particulièrement bien d'un patient, un homme de quarante-cinq ans venu consulter pour une dyspnée croissante et une gêne thoracique. Le patient insistait sur son hygiène de vie et, interrogé sur sa consommation de tabac, il répondit avec assurance n'avoir jamais touché une cigarette. Ce n'est qu'après quelques questions supplémentaires qu'il admit consommer du cannabis tous les soirs pour se détendre, parfois davantage le week-end. Il en parlait avec désinvolture, comme si cela n'avait aucune importance. Tout son entourage en consommait. C'était aussi naturel pour lui qu'un verre de vin le soir pour les autres. Il pensait même que cela le protégeait des effets nocifs du tabac car, expliquait-il, le cannabis n'était « qu'une herbe ».

Au bloc opératoire, lorsque son sternum s'ouvrit et que ses poumons apparurent, le spectacle contredit tout ce qu'il avait imaginé. Au lieu de la surface douce et rosée qu'un chirurgien espère voir, ses poumons étaient d'un gris anthracite. Au toucher, des particules noires s'en échappaient, comme un léger nuage de poussière, presque imperceptibles mais indéniablement présentes. Les tissus étaient collés les uns aux autres, gluants de goudron. Les artères irriguant le cœur présentaient des plaques si épaisses que le sang y circulait difficilement. Il fallait donc envisager un pontage coronarien, une intervention généralement réservée aux patients âgés ayant des décennies d'antécédents cardiaques à risque. L'équipe chirurgicale travailla rapidement, mais même pour des professionnels chevronnés, le contraste saisissant entre la perception du patient et l'état de sa cage thoracique laissa une impression durable.

Des cas similaires se répétaient sans cesse. Parfois, ces personnes semblaient en excellente forme physique, voire musclées. Elles pensaient souvent que leur jeunesse ou leur alimentation saine les protégeaient des risques. Mais la fumée de marijuana s'était insidieusement infiltrée dans leur système respiratoire, laissant des traces visibles à l'œil nu lors de l'ouverture du thorax. La combustion de matières organiques, quelle qu'en soit l'origine, laissait des résidus particulaires qui tapissaient les bronches, se déposaient profondément dans les alvéoles et noircissaient les tissus qui n'étaient censés être en contact qu'avec de l'oxygène. Le Dr London disait souvent que les poumons ne font pas la différence entre la fumée d'une cigarette roulée à la main et celle d'une fleur de cannabis cultivée maison. La fumée reste de la fumée.

Il avait également constaté la déception et la confusion des familles qui attendaient devant le bloc opératoire. Nombre de proches étaient persuadés que le cannabis était inoffensif. Lorsqu'ils apprenaient que leur être cher nécessitait des interventions d'urgence généralement associées à une consommation prolongée de tabac, ils réagissaient souvent avec incrédulité. Une femme avait demandé pourquoi les poumons de son mari étaient décrits comme « presque noirs », puisqu'il n'avait jamais fumé une seule cigarette de sa vie. Elle répétait sa question plusieurs fois, comme si elle espérait que la situation évoluerait avant qu'elle n'ait fini sa phrase. Son incompréhension fit place à un silence stupéfait lorsque le chirurgien expliqua que l'inhalation régulière de cannabis, surtout pendant de nombreuses années, contenait suffisamment de goudron, de substances cancérigènes et de cendres microscopiques pour altérer considérablement les tissus pulmonaires.

Certains cas étaient plus extrêmes, révélant une consommation importante et chronique de marijuana ayant entraîné une détérioration alarmante des organes. Un homme d'une cinquantaine d'années s'est présenté aux urgences avec une douleur thoracique intense qui s'est rapidement aggravée ; en vingt minutes, il était pâle, en sueur et à peine conscient. L'imagerie a révélé de multiples obstructions coronaires, et une intervention chirurgicale a dû être pratiquée immédiatement. Pendant l'opération, le Dr London a constaté que ses poumons étaient non seulement foncés, mais presque couleur charbon au niveau du hile, et que les artères irriguant le cœur présentaient un degré de calcification qui aurait dû se développer sur plusieurs décennies. L'équipe chirurgicale a rencontré des difficultés pour opérer les vaisseaux rigidifiés. Après l'intervention, le patient étant stabilisé, le chirurgien a parlé avec la famille et a appris qu'il consommait de la marijuana quotidiennement depuis ses études universitaires. Ils étaient stupéfaits, insistant sur le fait qu'il menait une vie saine, hormis cette habitude. Mais pour le chirurgien, le lien était prévisible depuis longtemps.

Après plus de vingt ans de pratique sur le cœur et les poumons, le Dr London avait fini par reconnaître une caractéristique pulmonaire particulière chez les patients exposés pendant des années à la fumée de marijuana. Il avait remarqué que la suie se déposait de façon inégale chez certains d'entre eux, formant des zones où le goudron s'accumulait davantage dans les lobes supérieurs, probablement en raison de leurs habitudes d'inhalation. Il observait des alvéoles endommagées et distendues, signes précoces d'emphysème chez des personnes bien trop jeunes pour présenter de telles modifications structurelles. Les parois cellulaires présentaient souvent une irritation compatible avec une inflammation chronique. Dans certains cas, le tissu pulmonaire semblait plus dense et moins souple, comme rigidifié par une exposition répétée à la fumée chaude. Ces détails, visibles à l'œil nu, dressaient un tableau bien éloigné du mythe d'une fumée « organique » inoffensive.

L'une des découvertes les plus troublantes est venue de patients qui fumaient à la fois du cannabis et du tabac, persuadés que le cannabis atténuait d'une manière ou d'une autre les effets nocifs des cigarettes. Leurs poumons présentaient souvent des lésions à double couche : les dépôts de goudron prévisibles dus au tabac et l'accumulation résineuse et collante due au cannabis. Cette combinaison engendrait un tissu pulmonaire qui peinait à se dilater correctement. Les instruments chirurgicaux rencontraient parfois une résistance lors de l'écartement des côtes, car l'inflammation chronique provoquait une légère adhérence des poumons à la paroi thoracique. Dans ces cas-là, même le bruit de la séparation des tissus résonnait comme une fatalité, un écho poignant qui emplissait la pièce – un rappel d'années de lésions lentes et cumulatives.

Les jeunes patients se distinguaient pour une autre raison. Nombre d'entre eux hésitaient à admettre leur consommation de marijuana, par crainte d'être jugés ou par conviction que cela n'avait aucune importance. Le Dr London se souvient d'un homme de vingt-huit ans arrivé après un malaise au travail. Ses amis insistaient sur le fait qu'il était en bonne santé, sportif et menait une vie saine. Lors de l'opération, le chirurgien découvrit des dépôts surprenants dans ses poumons : des amas de particules noires incrustés profondément dans le tissu. Ses artères présentaient des plaques d'athérome plus caractéristiques d'une personne d'une quarantaine d'années. Lorsque la famille fut informée par la suite, elle fut incrédule, répétant sans cesse qu'il ne fumait que du « cannabis naturel ». Pourtant, les constatations dans sa poitrine contredisaient toutes les hypothèses.

Ces expériences, accumulées au fil des ans, ont renforcé une vérité que peu de personnes en dehors du milieu médical comprennent pleinement. Nombre de consommateurs de cannabis traités par le Dr London ne se considéraient pas comme des « fumeurs ». Ils évitaient délibérément ce terme, l'associant uniquement au tabac. Cette dissociation psychologique les empêchait de voir qu'ils inhalaient toujours des matières brûlées : une fumée épaisse, chaude et chargée de produits chimiques, transportant du goudron, des substances cancérigènes et de fines particules dans leurs voies respiratoires fragiles. Le poumon humain, optimisé pendant des millions d'années pour les seuls échanges gazeux, ne possède aucun mécanisme intégré pour filtrer ou neutraliser les résidus végétaux brûlés. Chaque inhalation provoquait des micro-lésions, et l'accumulation de ces lésions finissait par se manifester dans les tissus observés par le chirurgien.
Tout au long de sa carrière, le Dr London a rarement entendu, dans les blocs opératoires, des chirurgiens affirmer que les poumons des patients ayant consommé du cannabis paraissaient intacts ou sains. Parmi ceux qui passaient leurs journées au cœur des cages thoraciques, l'avis général était bien différent de l'opinion publique. Chirurgiens, anesthésistes, pneumologues – tous ceux qui intervenaient directement sur les organes – s'accordaient à dire que la fumée de cannabis causait des dommages visibles et que ses effets se manifestaient souvent plus tôt que prévu.

Un cas particulièrement marquant concernait un homme d'une quarantaine d'années qui, tout au long de sa consultation, affirmait que le cannabis l'aidait à « rester calme », à « gérer son stress » et à « éviter l'alcool ». Il le considérait comme un outil de protection, un soutien à son bien-être mental. Mais lorsqu'il a été victime d'un arrêt cardiaque soudain, l'équipe des urgences a découvert qu'il souffrait d'une grave maladie coronarienne. Pendant l'opération, ses poumons présentaient un épais enduit noir à plusieurs endroits, notamment près des lobes supérieurs. Tandis que le Dr London suturait et greffait des vaisseaux pour rétablir la circulation sanguine, il réfléchissait à la fréquence à laquelle les récits personnels contredisent les réalités biologiques. Le patient a guéri, mais cette expérience a transformé à jamais sa perception des effets du cannabis.

Un autre patient, un professeur d'université sexagénaire, fumait occasionnellement du cannabis depuis des décennies, le croyant sans danger car il n'en avait jamais été dépendant ni n'en avait consommé de façon excessive. Il a survécu à une opération complexe de pontage coronarien et, par la suite, lorsque l'équipe chirurgicale lui a expliqué l'état de ses poumons, il est resté figé, abasourdi. Il a mentionné avoir participé aux premiers mouvements culturels prônant la consommation de cannabis, le considérant comme bien moins nocif pour l'organisme que le tabac ou l'alcool. Les informations qu'il a apprises durant sa convalescence ont remis en question des convictions qu'il entretenait depuis plus de quarante ans. Comme il l'a confié plus tard d'une voix basse, il aurait souhaité qu'on lui montre l'état de ses poumons bien plus tôt.

Des histoires comme celles-ci ont motivé le Dr London à prendre la parole en public et à sensibiliser le public. Le fossé entre ce qu'il constatait chirurgicalement et la perception du public s'est creusé d'année en année. Les réseaux sociaux ont encouragé l'idée que le cannabis était une alternative totalement sans danger, et les campagnes de légalisation ont souvent minimisé les risques liés à sa consommation. Parallèlement, l'examen des poumons qu'il a opérés dressait un tableau clair et cohérent : une exposition répétée à la fumée de cannabis laissait des séquelles physiques, altérait les fonctions pulmonaires et contribuait à des obstructions pouvant entraîner des accidents cardiaques graves.

Le contraste entre la perception culturelle et la réalité médicale le troublait profondément. Les chirurgiens ne s'attardent pas sur les mythes médicaux pendant les opérations ; ils se concentrent sur la réparation des lésions constatées. Mais au fil des années et de l'accumulation des cas, un sentiment d'urgence grandissait en lui. Trop de gens se fiaient à une illusion. Trop de gens croyaient que, parce que le cannabis était naturel, il était inoffensif. Et trop de gens étaient choqués – parfois mortellement – lorsque les conséquences se manifestaient.

Tous les fumeurs de marijuana ne subissent pas les mêmes dommages, mais le schéma était indéniable. Avec le temps, la fumée modifiait la forme des poumons, en recouvrant leur surface, obstruant les voies respiratoires et contribuant à la formation de plaques dans les artères. Il ne s'agissait pas de risques abstraits dissimulés derrière des statistiques. C'étaient des réalités physiques que le Dr London tenait entre ses mains gantées, éclairées par la lumière chirurgicale, tandis qu'il s'efforçait de sauver des vies qui auraient pu être préservées bien plus tôt.

Les poumons noircis qu'il voyait étaient des témoignages silencieux. Ils révélaient une vérité que les débats publics ignoraient. Ils prouvaient que l'étiquette « bio » ne purifie pas la fumée de ses effets nocifs. Ils démontraient que croire qu'un produit est sans danger ne le rend pas sûr. Et ils renforçaient un message essentiel qu'il souhaitait voir les lecteurs retenir : les poumons gardent en mémoire tout ce qui est inhalé et, avec le temps, ils révèlent la vérité, même si leurs propriétaires n'ont jamais réalisé que les dégâts s'accumulaient respiration après respiration.

Chapitre 11 – Bronchite chronique, lésions des voies respiratoires et toux liée au cannabis

Le premier signe d'un problème pulmonaire est rarement spectaculaire. Il ne s'agit généralement pas d'un collapsus des voies respiratoires, d'une perte soudaine d'air ou d'une visite d'urgence aux urgences. Le plus souvent, les premiers signes se manifestent par une légère irritation : une toux occasionnelle qui devient une habitude, un peu de glaires chaque matin, une respiration sifflante souvent attribuée à une simple sécheresse ou à la fatigue. Pendant des années, le Dr London a observé comment les fumeurs de marijuana minimisaient ces premiers symptômes, persuadés qu'ils étaient bénins ou passagers. Certains patients affirmaient que leur toux était due à l'air froid, à des allergies ou à la déshydratation. D'autres prétendaient qu'elle survenait uniquement après une « très forte bouffée ». Très peu comprenaient qu'ils souffraient des premiers symptômes d'une bronchite chronique, une affection qui se développe insidieusement, s'installant progressivement dans les poumons bien avant tout diagnostic.

Le docteur London avait appris à reconnaître le son caractéristique de la toux du fumeur de marijuana avant même d'examiner un patient. Elle avait un rythme distinct, un râle profond produit par le mucus qui s'accrochait obstinément aux voies respiratoires. Nombreux étaient les patients qui franchissaient la porte de sa clinique et qui souffraient de cette toux sans le savoir. Lorsqu'ils s'asseyaient et commençaient à décrire leurs problèmes de santé, il entendait souvent ce raclement de gorge si caractéristique, une tentative pour expulser les résidus qui semblaient s'être accumulés dans la poitrine pendant la nuit. Certains en riaient, parlant de « routine matinale ». D'autres balayaient la chose d'un revers de main, la qualifiant de simple désagrément. Mais derrière cette attitude désinvolte se cachaient des années d'irritation, d'inflammation et de modifications cellulaires dues à une exposition répétée à la fumée chaude.

L'un des premiers cas qui l'a marqué concernait une jeune femme d'une vingtaine d'années, Lila, venue consulter pour fatigue et essoufflement, bien qu'elle insistât sur son excellente santé par ailleurs. Elle expliqua qu'elle menait une vie saine, faisait régulièrement de l'exercice et ne consommait pas de tabac. Pourtant, en parlant, elle s'interrompait fréquemment pour tousser, se couvrant la bouche d'un mouchoir, gênée. Interrogée sur la durée de ces symptômes, elle admit que la toux persistait depuis près de trois ans. Elle avait simplement supposé que c'était « normal » pour une consommatrice quotidienne de marijuana. Comme beaucoup d'autres, elle pensait que la toux faisait partie intégrante de l'expérience, un désagrément plutôt qu'un signe d'alerte.

Ses explorations fonctionnelles respiratoires ont révélé des signes précoces de bronchopneumopathie obstructive. La bronchoscopie a mis en évidence des voies respiratoires rouges et gonflées, parsemées de traînées de mucus adhérant aux parois bronchiques. Les tissus paraissaient plus épais que la normale, la muqueuse lisse ayant laissé place à des surfaces irritées, suggérant des traumatismes répétés. Elle a été bouleversée d'apprendre qu'elle souffrait des premiers symptômes d'une bronchite chronique à un si jeune âge.

Des histoires comme la sienne se répétaient si souvent qu'elles semblaient former un schéma récurrent. Le Dr London a vu d'innombrables fumeurs de marijuana banaliser leurs symptômes. Ils toussaient pendant leurs séances d'entraînement et en riaient. Ils se réveillaient chaque matin avec la poitrine encombrée de mucus et supposaient que leur corps « éliminait les toxines ». Nombre d'entre eux croyaient que l'irritation était temporaire et passagère, ignorant qu'il s'agissait en réalité de lésions structurelles des voies respiratoires qui s'accumulaient au fil des années.

La chaleur de la fumée a joué un rôle important. Le cannabis brûle à haute température, et la fumée inhalée pénètre profondément dans les bronches et les bronchioles à chaque bouffée. Contrairement à l'air frais et filtré que les poumons sont conçus pour traiter, cette fumée chaude et chargée de particules agresse les voies respiratoires comme du papier de verre. L'organisme, pour se protéger, déclenche une inflammation. Les vaisseaux sanguins se dilatent, les tissus gonflent et la production de mucus augmente considérablement afin de piéger les particules étrangères avant qu'elles n'atteignent les alvéoles. Mais lorsque ce cycle se répète jour après jour, ce processus protecteur devient pathologique. Les voies respiratoires s'épaississent, des tissus cicatriciels se forment et les parois bronchiques perdent en mobilité. Ce qui avait commencé comme un mécanisme de défense se transforme peu à peu en une maladie chronique.

Certains patients affirmaient ne jamais avoir de difficultés respiratoires, mais le Dr London savait que beaucoup ne reconnaissaient tout simplement pas les symptômes. Ils adaptaient leurs activités, montaient les escaliers plus lentement ou évitaient les efforts physiques intenses sans en comprendre consciemment la raison. D'autres interprétaient leur respiration sifflante comme un bruit inoffensif plutôt que comme le signe que l'air peinait à passer dans des voies respiratoires rétrécies. Interrogés sur la fréquence de leur toux, beaucoup répondaient avec incertitude, car ils ne se souvenaient plus d'une époque où ils ne toussaient pas. Pour eux, la toux était devenue une partie intégrante de leur identité, discrètement intégrée à leur quotidien.

Un cas en particulier a illustré comment le déni peut masquer la gravité des symptômes. Victor, un homme d'une trentaine d'années, s'est présenté à une consultation de routine après avoir constaté une oppression thoracique persistante. Consommateur de marijuana depuis ses études universitaires, il roulait plusieurs joints par jour. Il insistait sur le fait que sa toux était normale car « tous ceux que je connais qui fument ont la même chose ». Tout en parlant, il s'interrompait fréquemment par des quintes de toux qui résonnaient dans la salle d'examen. Lorsqu'on lui a demandé s'il produisait des mucosités, il a répondu nonchalamment qu'il crachait dans l'évier tous les matins, supposant qu'il s'agissait d'une simple réaction à l'air sec. Mais les examens d'imagerie ont révélé un épaississement et une inflammation des voies respiratoires compatibles avec une bronchite chronique. Sa capacité pulmonaire était inférieure de près de 20 % à la normale pour son âge. Cette découverte l'a surpris, même si les signes étaient présents depuis des années.

Le Dr London a passé d'innombrables heures à expliquer à ses patients que les poumons ne font pas la différence entre les sources de fumée. Ils réagissent à ce qui y pénètre. Exposés de façon répétée à un air chaud et chargé de particules, les tissus réagissent par une inflammation. Avec le temps, cela entraîne un remodelage des voies respiratoires : les bronches modifient leur forme et leur épaisseur. Les muscles lisses se rigidifient, ce qui rend l'expansion pulmonaire plus difficile. Les glandes à mucus augmentent de volume et produisent plus de mucosités que l'organisme ne peut facilement éliminer. Chaque inspiration devient progressivement moins efficace. Chaque respiration apporte un peu moins d'oxygène. Et chaque année, la capacité de récupération diminue.

Certains patients se demandaient si l'utilisation d'un bang, d'une pipe ou d'un vaporisateur pouvait les protéger. Ils pensaient que ces objets filtraient les substances nocives. Or, la vérité était que la combustion de matières végétales, quel que soit le mode d'administration, produisait les mêmes sous-produits irritants : goudron, monoxyde de carbone, ammoniac, oxydes d'azote et particules microscopiques qui s'incrustaient profondément dans les voies respiratoires. La toux qui s'ensuivait était la tentative du corps d'expulser ces intrus. Mais à mesure que l'inflammation s'aggravait, la toux devenait moins efficace et plus chronique.

Le Dr London se souvenait d'un patient qui l'avait interpellé par sa conviction erronée que le matériel coûteux protégeait ses poumons. Ce patient, un développeur de logiciels de trente-deux ans, se décrivait comme un « connaisseur de variétés haut de gamme ». Il avait investi dans de la verrerie de luxe et se vantait de n'utiliser que du cannabis « pur et de qualité supérieure ». Il s'était présenté à la clinique sur les conseils de sa compagne, qui l'avait entendu siffler la nuit. Il avait minimisé ses symptômes, affirmant que ce sifflement était simplement dû à la puissance de la variété. Lors de l'examen, il se raclait la gorge presque constamment, et les tests pulmonaires avaient révélé une légère obstruction. Stupéfait par les résultats, il avait toujours cru que le cannabis « 100 % naturel » ne pouvait pas nuire à ses poumons. Mais ses voies respiratoires témoignaient d'une tout autre réalité : une irritation récurrente et une inflammation chronique.

Le Dr London a également rencontré des personnes ayant développé une hypersensibilité des voies respiratoires, une affection caractérisée par une réaction intense de ces dernières à des stimuli mineurs comme l'air froid ou l'effort physique. De nombreux fumeurs de marijuana ont rapporté une sensation d'oppression thoracique en faisant du jogging ou en montant des escaliers par une matinée froide. Certains ont décrit des quintes de toux si violentes qu'ils se sentaient momentanément incapables de respirer. Ces épisodes les effrayaient souvent, mais ils continuaient à fumer, croyant que l'irritation était temporaire ou sans lien avec leur consommation de cannabis. Avec le temps, ces spasmes des voies respiratoires pouvaient s'aggraver, surtout en cas de bronchite chronique.

Un patient, musicien d'une quarantaine d'années, fumait du cannabis depuis l'adolescence. Pendant des décennies, il a minimisé ses symptômes, attribuant sa toux persistante au fait qu'il « chantait trop ». Lors d'une consultation à la clinique, après un épisode inquiétant de dyspnée pendant un concert, l'imagerie a révélé un rétrécissement important des voies respiratoires. La bronchoscopie a mis en évidence une inflammation chronique des parois bronchiques, épaissies au fil du temps. Les glandes à mucus étaient hypertrophiées et hyperactives, provoquant un flux persistant de sécrétions que son corps peinait à éliminer. Il a écouté en silence les explications. Il a avoué avoir toujours cru que le cannabis était doux pour les poumons, sans jamais imaginer qu'il puisse causer des dommages irréversibles.

Au fil des ans, le Dr London s'était habitué à entendre les mêmes idées reçues. Nombre de patients pensaient que le cannabis ne provoquait qu'une irritation passagère, sans dommages à long terme. Ils affirmaient qu'il était plus sûr que le tabac car issu d'une plante naturelle. Ils croyaient que la toux pendant qu'ils fumaient faisait simplement partie du rituel, et non le signe d'une lésion sous-jacente. Mais en examinant des centaines d'images pulmonaires, d'examens et de comptes rendus opératoires, il constata l'apparition de bronchites chroniques chez les consommateurs réguliers. L'inflammation, l'épaississement et l'accumulation de mucus ne disparaissaient pas avec le temps. Ils s'intégraient à la structure pulmonaire, réduisant le flux d'air et altérant la qualité de vie.

Dans les cas les plus graves, les patients atteignaient un stade où leurs poumons ne pouvaient plus éliminer complètement le mucus sans assistance. Certains nécessitaient de la kinésithérapie respiratoire, des bronchodilatateurs ou des traitements à base de stéroïdes. D'autres peinaient à accomplir les tâches quotidiennes qui leur étaient autrefois faciles, et étaient essoufflés même par un effort léger. La toux due au cannabis, qu'ils considéraient auparavant comme inoffensive, était devenue un rappel constant des lésions de leurs voies respiratoires.

L'effet cumulatif de la bronchite chronique augmentait également la vulnérabilité aux infections. L'accumulation de mucus dans les voies respiratoires favorisait la prolifération bactérienne. Le Dr London traitait fréquemment des fumeurs de marijuana souffrant de bronchites récurrentes, chaque épisode aggravant l'inflammation de leurs voies respiratoires déjà enflammées. Dans certains cas, ces patients développaient une pneumonie plus facilement que prévu pour leur âge. Leurs poumons, fragilisés par l'inflammation chronique, manquaient de résistance pour se défendre contre de nouvelles agressions.

Mais l'aspect le plus frappant était peut-être le temps que les patients attendaient avant de consulter. Nombre d'entre eux vivaient avec ces symptômes pendant des années, les rationalisant comme des conséquences normales de leur consommation de tabac. Ils pensaient que leur jeunesse les protégeait. Ils croyaient que « tout le monde tousse en fumant ». Ils pensaient que la fumée de marijuana agissait différemment dans les poumons que la fumée de tabac. Pourtant, chaque jour, le Dr London constatait comment ces croyances masquaient la vérité.

Les poumons sont des organes délicats, des structures souples et roses conçues pour la simple fonction d'échange d'oxygène et de dioxyde de carbone. Ils n'ont jamais été destinés à filtrer la fumée chaude, le goudron ou les débris microscopiques. Lorsque la fumée de cannabis pénètre dans l'organisme, elle y laisse un résidu que l'inflammation tente de combattre, sans toutefois parvenir à l'éliminer complètement. Avec le temps, la muqueuse des voies respiratoires gonfle, s'épaissit et se modifie. La toux qui s'ensuit n'est pas un effet secondaire anodin ; c'est le signal d'alarme du corps, un appel au secours.

Le docteur London souhaitait souvent pouvoir montrer à ses patients l'intérieur de leurs voies respiratoires comme un chirurgien les voit, comme les images médicales les révèlent. Il était convaincu que s'ils pouvaient constater le gonflement des bronches, la persistance du mucus, l'irritation des cellules et le rétrécissement progressif des voies respiratoires, ils comprendraient la gravité de leurs symptômes bien avant que la bronchite chronique ne s'installe. Mais la plupart des patients ne prennent conscience de la réalité que lorsque leur vie quotidienne est sensiblement affectée : monter les escaliers devient plus difficile, les quintes de toux plus fréquentes, ou encore une sensation d'essoufflement après un effort minime.

Au fil de plusieurs décennies de pratique clinique, il a constaté que la bronchite chronique chez les fumeurs de marijuana se manifeste rarement brutalement. Au contraire, elle s'installe insidieusement, se développant au fil des années, dissimulée sous la fausse croyance que « naturel rime avec sans danger ». Elle s'incruste dans les tissus, remodelant les voies respiratoires à chaque inspiration, chaque toux, chaque matin passé à se racler la gorge.

Alors que la culture du cannabis continue de célébrer la détente, la créativité et le calme, les poumons, eux, en subissent silencieusement les conséquences, révélant leur souffrance par la production de mucus, l'inflammation et le rétrécissement des voies respiratoires. Au final, chaque toux devient un message, chaque sifflement un avertissement, et chaque respiration un rappel que les poumons ne peuvent échapper aux effets d'une exposition répétée à la fumée, quelle qu'en soit la source.

Chapitre 12 – Cannabis et fumée de tabac : plus similaires qu'on ne le pense

Pendant des années, l'idée a circulé dans les conversations informelles, lors de soirées étudiantes, sur les réseaux sociaux, et même dans les salles d'attente des cliniques : la fumée de marijuana serait en quelque sorte plus propre, plus douce, plus sûre que la fumée de tabac. On en parlait comme d'une vérité incontestable, transmise d'un consommateur à l'autre avec la certitude d'une légende. On affirmait que ce n'était « qu'une plante », que sa fumée était « naturelle », ou encore qu'elle ne pouvait absolument pas endommager les poumons comme le faisait la cigarette, car le tabac contenait des additifs et des produits chimiques. Pourtant, dans les blocs opératoires et les laboratoires d'analyses, une tout autre réalité se dessinait : les poumons des fumeurs réguliers de marijuana présentaient des similitudes inquiétantes avec ceux endommagés par des décennies de tabagisme. Et d'un point de vue scientifique, la combustion est la combustion : une fois la plante brûlée, la fumée produite suit des schémas chimiques prévisibles, peu importe que la plante soit biologique, légale, récréative ou utilisée à des fins rituelles.

La comparaison entre la fumée de marijuana et celle du tabac commence souvent au niveau moléculaire : la combustion de toute matière végétale produit un mélange de toxines comprenant du goudron, des substances cancérigènes, des hydrocarbures aromatiques polycycliques, du monoxyde de carbone et des particules fines. La fumée qui s'échappe d'un joint ou d'une cigarette contient des composés qui se fixent aux tissus pulmonaires, enflamment les voies respiratoires, irritent les bronches et provoquent des lésions cellulaires. Des études ont démontré à maintes reprises que la fumée de marijuana contient bon nombre des mêmes substances nocives que la fumée de tabac, parfois même à des concentrations plus élevées en raison de la structure de la plante et de la température de combustion. Pourtant, la plupart des consommateurs persistaient à croire que la marijuana était, d'une manière ou d'une autre, exemptée de ces avertissements.

Une partie de cette méprise provenait de la perception de chaque substance. Le tabac était reconnu nocif depuis des décennies, et son lien avec le cancer du poumon, les maladies cardiaques et la bronchopneumopathie chronique obstructive (BPCO) avait été établi grâce à de nombreuses recherches et à des campagnes de santé publique intensives. Le cannabis, en revanche, était culturellement associé à la détente, à la créativité, à un usage médicinal et à la jeunesse. On ne le percevait pas comme une substance addictive, mais plutôt comme une plante naturelle. Or, les poumons ne faisaient pas de distinction. Ils recevaient la fumée, la chaleur et les particules de la même manière, et les réactions biochimiques qui s'ensuivaient étaient étonnamment similaires pour les deux substances.

En ce qui concerne la production de goudron, par exemple, la distinction entre la fumée de marijuana et celle de tabac est presque imperceptible. Le goudron, un résidu collant qui adhère tenacement aux parois des voies respiratoires, se dépose profondément dans les poumons et déclenche les mêmes processus inflammatoires, qu'il provienne du cannabis ou du tabac. Le goudron sert de vecteur aux substances cancérigènes, leur permettant un contact prolongé avec les tissus respiratoires délicats. Même les fumeurs occasionnels de marijuana sont exposés au goudron de manière comparable aux fumeurs de tabac consommant plusieurs cigarettes par jour. Et chez ceux qui fument quotidiennement ou plusieurs fois par jour, l'accumulation de goudron dépasse souvent les niveaux observés chez les fumeurs de tabac consommant un paquet par jour.

Une autre similitude souvent négligée réside dans la formation d'hydrocarbures aromatiques polycycliques (HAP), une classe puissante de substances cancérigènes produites lors de la combustion de matières organiques. On a constaté que la fumée de marijuana contenait plusieurs HAP en quantités égales, voire supérieures, à celles de la fumée de tabac, notamment des composés comme le benzo[a]pyrène, fortement associé au cancer du poumon et aux maladies cardiovasculaires. C'est la combustion elle-même, et non la plante, qui génère ces molécules cancérigènes. Qu'il s'agisse de la fumée d'une feuille de tabac ou d'un bourgeon de cannabis, ces sous-produits résultent du même processus de combustion incomplète.

L'une des différences les plus marquantes entre les deux types de tabac ne résidait pas dans leur composition chimique, mais dans la manière dont les consommateurs les inhalaient. Les fumeurs de tabac prenaient généralement des bouffées plus courtes et moins profondes, et les cigarettes brûlaient constamment, même lorsqu'elles n'étaient pas activement inhalées. Les consommateurs de marijuana, en revanche, avaient tendance à inhaler profondément, retenant la fumée dans leurs poumons pendant de longues périodes afin d'absorber davantage de THC. Cette apnée augmentait considérablement le temps de contact entre les toxines et les tissus pulmonaires. Dans certaines études observationnelles, les fumeurs de marijuana retenaient leur respiration jusqu'à quatre fois plus longtemps que les fumeurs de cigarettes classiques. Cette exposition prolongée amplifiait la quantité de goudron et de substances cancérigènes déposée dans le système respiratoire.

L'inhalation plus profonde permettait également à la fumée de pénétrer les voies respiratoires les plus petites, atteignant des régions pulmonaires conçues pour des échanges gazeux délicats plutôt que pour la défense contre les irritants. Ces structures, les alvéoles, n'ont jamais été destinées à supporter une chaleur intense ni un bombardement de particules. Exposées de façon répétée à la fumée de marijuana, elles ont commencé à perdre de leur élasticité et de leur fonction, contribuant à un piégeage de l'air, à une diminution de la capacité pulmonaire et à une susceptibilité accrue aux infections respiratoires. Ce type de lésions était similaire à la pathologie observée chez les fumeurs de tabac de longue date, malgré des différences de fréquence de consommation.

L'exposition au monoxyde de carbone constitue un autre lien entre les méfaits du cannabis et ceux du tabac. Le monoxyde de carbone se fixe plus facilement à l'hémoglobine que l'oxygène, réduisant ainsi la capacité du sang à transporter l'oxygène vers les organes vitaux. Les chercheurs ont constaté que les fumeurs de cannabis présentaient fréquemment des taux élevés de carboxyhémoglobine – supérieurs même à ceux observés chez les fumeurs de tabac – en raison de leurs inhalations plus profondes et plus longues. Chez les jeunes qui se croyaient à l'abri des problèmes cardiovasculaires, cette modification du transport de l'oxygène augmentait silencieusement le risque d'arythmie, d'hypertension artérielle et d'accidents cardiaques.

Dans les voies respiratoires, les cils – de minuscules structures filiformes chargées d'éliminer le mucus, la poussière et les agents pathogènes – étaient altérés par l'exposition aux deux types de fumée. Si les effets du tabac avaient été largement étudiés, la fumée de marijuana produisait un effet paralysant similaire, réduisant les défenses naturelles des poumons. À terme, cela contribuait à la bronchite chronique, à une toux persistante, à une accumulation de mucus et à des infections récurrentes. De nombreux consommateurs réguliers de marijuana qui attribuaient leur toux à la qualité de leur cannabis ou à une forte inhalation présentaient en réalité les premiers symptômes de lésions des voies respiratoires.

Les cliniciens ont constaté de nombreux cas où des consommateurs de marijuana, persuadés que leurs poumons étaient sains puisqu'ils n'avaient jamais fumé de cigarettes, ont été surpris de découvrir une inflammation importante des voies respiratoires, un rétrécissement, voire une maladie pulmonaire bulleuse – de larges poches d'air formées par la destruction du tissu pulmonaire. Ces anomalies augmentaient le risque de pneumothorax spontané, une affection caractérisée par un affaissement soudain du poumon, nécessitant souvent une intervention d'urgence. Les chirurgiens ont parfois remarqué que ces modifications pulmonaires ressemblaient à celles observées chez les fumeurs de cigarettes de longue date, alors même que le patient n'avait jamais consommé de tabac.

Un autre facteur qui a contribué à brouiller la frontière entre les méfaits du cannabis et ceux du tabac était la pratique courante de mélanger les deux substances dans des joints. Même chez ceux qui affirmaient éviter le tabac, le cannabis roulé était souvent enveloppé dans des feuilles de tabac, exposant ainsi les consommateurs à la nicotine et à d'autres toxines. Cette combinaison amplifiait les lésions respiratoires et engendrait une dépendance, remettant en question l'idée que la consommation de cannabis restait plus sûre ou plus « naturelle ».

On a parfois avancé que la fumée de marijuana était dépourvue de certains additifs présents dans les produits du tabac commerciaux, ce qui suggérait une composition chimique plus pure. Or, des études ont démontré à maintes reprises que la majorité des composés nocifs de la fumée de tabac n'étaient pas des additifs, mais des sous-produits de la combustion de matières végétales. Qu'il s'agisse d'une feuille de tabac non traitée, d'un bourgeon de cannabis séché ou de toute autre matière organique, la combustion produit bon nombre des mêmes substances cancérigènes et irritantes. Les poumons ne sont pas sensibles à la présence de pesticides ou d'arômes ; le danger principal réside dans l'inhalation d'une fumée chaude et chimiquement complexe.

Les consommateurs négligent souvent le danger des particules fines, des particules microscopiques produites en abondance par la fumée de cannabis et de tabac. Ces particules pénètrent profondément dans les poumons, contournant les mécanismes de défense initiaux. Une fois logées dans le système respiratoire, elles déclenchent une inflammation et un stress oxydatif, processus liés à de nombreuses maladies, dont l'asthme, la BPCO et le cancer du poumon. La fumée de cannabis produit des quantités importantes de particules fines et, en raison des schémas d'inhalation et d'apnée typiques, les consommateurs en inhalent souvent davantage par bouffée que les fumeurs de cigarettes.

La distinction psychologique entre le cannabis et le tabac a également contribué à une perception erronée des risques. Fumer du tabac était largement stigmatisé en raison de décennies de campagnes antitabac, tandis que le cannabis avait connu une vague de normalisation culturelle. Son association avec la détente, les liens sociaux, la créativité et l'usage médicinal procurait aux consommateurs un sentiment de sécurité, voire de supériorité, par rapport aux fumeurs de tabac. Mais la biologie restait indifférente aux discours culturels. Lorsque la fumée pénétrait dans les poumons, les mêmes processus se déroulaient quelle que soit la plante d'origine : les cellules étaient irritées, les cils vibratiles altérés et des particules toxiques s'incrustaient dans les tissus.

Dans les cliniques et aux urgences, les médecins rencontraient fréquemment de jeunes adultes se présentant avec des problèmes respiratoires, se croyant à l'abri de lésions graves car ils ne fumaient pas. Leur surprise était souvent palpable lorsque les examens révélaient un épaississement des voies respiratoires, des obstructions bronchiques ou des signes précoces d'emphysème. Certains exprimaient leur incrédulité lorsqu'on leur expliquait que la fumée de marijuana avait largement contribué à leurs symptômes. Nombre d'entre eux avaient insisté sur le fait que la marijuana n'avait « rien à voir avec le tabac », un refrain répété sans jamais remettre en question le fondement d'une telle certitude.

L'idée que la fumée de marijuana était fondamentalement différente de celle du tabac s'est souvent heurtée à l'examen scientifique. Les chercheurs analysant la composition chimique des deux fumées ont constaté des similitudes dans la liste des composés nocifs : benzène, acétaldéhyde, ammoniac, cyanure d'hydrogène, oxydes d'azote et composés organiques volatils. Certaines analyses ont même révélé que la fumée de marijuana produisait des concentrations d'ammoniac plus élevées, irritant et endommageant les tissus respiratoires. L'absence de nicotine dans la marijuana n'éliminait pas les risques ; la nicotine crée une dépendance, mais les dommages aux poumons provenaient de la fumée elle-même.

Même la méthode de consommation a contribué à aggraver les dommages. Les joints, par exemple, étaient dépourvus de filtre, exposant les fumeurs à une fumée non filtrée chargée de goudron et de particules fines. Les dispositifs comme les pipes ou les bangs n'éliminaient pas les toxines ; si la filtration à eau permettait d'atténuer la chaleur et d'éliminer une petite partie des particules, la majorité des substances chimiques nocives la traversaient. Beaucoup pensaient qu'une fumée plus douce était synonyme de fumée plus sûre, mais la réalité chimique contredisait cette hypothèse.

Certains consommateurs affirmaient que leur consommation était occasionnelle ou récréative, partant du principe qu'une exposition peu fréquente minimisait les risques. Cependant, la profondeur et la durée de l'inhalation liées à la consommation de marijuana impliquaient que même une consommation occasionnelle délivrait des doses importantes de toxines à chaque prise. Contrairement aux fumeurs de cigarettes qui consommaient de la fumée en petites quantités tout au long de la journée, les fumeurs de marijuana inhalaient souvent une fumée très concentrée sur une période plus courte. Ce mode de consommation imposait un stress aigu aux poumons et au système cardiovasculaire et, répété pendant des mois et des années, contribuait à des dommages cumulatifs.

Du point de vue de la santé publique, l'enjeu n'était pas de diaboliser le cannabis, mais de présenter une compréhension précise des conséquences physiologiques de son inhalation. L'objectif n'était pas de porter un jugement moral, mais d'établir une vérité scientifique : les poumons sont fragiles et toute forme de fumée comporte des risques. Les propriétés médicinales potentielles du cannabis n'annulent pas les dangers liés à l'inhalation de ses produits de combustion. Comprendre les similitudes entre la fumée de cannabis et celle du tabac permet aux consommateurs de prendre des décisions éclairées, libérés du mythe selon lequel l'une serait intrinsèquement inoffensive simplement parce qu'elle provient d'une plante différente.
Après avoir pris connaissance des mécanismes chimiques de la combustion du cannabis, certaines personnes ont opté pour des modes de consommation alternatifs. La vaporisation, les produits comestibles et les teintures offraient ainsi la possibilité d'en ressentir les effets sans les sous-produits nocifs de la fumée. Toutefois, ces méthodes présentaient leurs propres spécificités et exigeaient un dosage précis et une vigilance accrue. Elles ont néanmoins démontré que la réduction des risques était possible lorsque la désinformation était remplacée par des connaissances scientifiques.

En définitive, la comparaison entre la fumée de marijuana et celle de tabac a révélé une vérité longtemps occultée par les stéréotypes culturels : la réaction de l'organisme à la fumée inhalée ne dépend ni de la légalité, ni des traditions, ni des normes sociales. Elle est liée à la chimie de la combustion et à la vulnérabilité du système respiratoire. La fumée de marijuana comme celle de tabac contiennent des toxines, des substances cancérigènes, des irritants et du goudron. Toutes deux altèrent la fonction pulmonaire, augmentent l'inflammation et introduisent des particules fines profondément dans les tissus sensibles. Toutes deux présentent un risque de dommages respiratoires et cardiovasculaires à long terme.

À mesure que les recherches se multipliaient et que les cliniciens partageaient leurs expériences en salle d'opération et en clinique, la frontière entre la perception d'innocuité de la fumée de marijuana et les dangers avérés de la fumée de tabac s'estompait. Les croyances culturelles continuaient d'évoluer, mais les données scientifiques sous-jacentes restaient solides : les poumons reconnaissaient la fumée pour ce qu'elle était, quelle que soit son origine. En comprenant ces parallèles, les lecteurs pouvaient faire des choix éclairés, fondés sur la biologie plutôt que sur des idées reçues, en reconnaissant que le danger ne provenait pas de la plante elle-même, mais de sa combustion et de l'inhalation de ses sous-produits, qui atteignent les parties les plus sensibles du corps.

Chapitre 13 – La dépendance déguisée : pourquoi la dépendance au cannabis passe souvent inaperçue

Pendant des années, le cannabis a été présenté comme une habitude inoffensive, une échappatoire récréative sans les sombres conséquences généralement associées à la dépendance. On répétait des phrases comme des mantras :*Personne ne devient accro au cannabis.*, *Ce n'est pas comme l'alcool ou les cigarettes.*, *Je peux démissionner quand je veux*Ces mots circulaient avec désinvolture sur les campus universitaires, se murmuraient avec assurance dans les salons enfumés et s'affichaient publiquement sur les réseaux sociaux. On les prononçait comme des vérités absolues. Pourtant, derrière cette certitude culturelle se cachait une tout autre réalité médicale, souvent passée sous silence et rarement reconnue par les consommateurs eux-mêmes : la dépendance au cannabis existait bel et bien et bouleversait insidieusement le quotidien de millions de personnes qui se croyaient maîtres de leur vie.

La dépendance ne se manifestait pas toujours par des symptômes spectaculaires ou des comportements perturbateurs. Au contraire, elle s'installait subtilement, à travers les habitudes, les schémas émotionnels et une lente transformation de la chimie cérébrale qui se déroulait insidieusement. La dépendance au cannabis ressemblait rarement aux formes d'addiction flagrantes et évidentes que l'on observe avec des substances comme les opioïdes ou l'alcool. Elle se manifestait de façon plus discrète : une incapacité à dormir sans cannabis, une légère irritabilité en l'absence de la dose du soir, une sensation d'oppression dans la poitrine lorsque les réserves venaient à manquer, ou une dépendance croissante au cannabis comme unique moyen de gérer le stress. Ces comportements s'intégraient souvent si naturellement au quotidien que les consommateurs ne les reconnaissaient même pas.
Nombreux étaient ceux qui consommaient du cannabis quotidiennement et qui croyaient sincèrement agir librement, ignorant que leur cerveau les y incitait déjà par des signes précoces de sevrage. Irritabilité, agitation et insomnie étaient souvent attribuées à une longue journée ou à un stress sans lien avec le cannabis. L'anxiété matinale accrue était imputée au travail plutôt qu'à l'absence de THC dans le sang. Les changements d'appétit ou d'humeur étaient justifiés par des raisons futiles. Pourtant, ces modifications subtiles étaient les signes d'une dépendance physiologique, un état où le cerveau s'habituait à attendre un apport régulier de cannabis.

L'une des raisons pour lesquelles la dépendance au cannabis est passée inaperçue est que le THC agit progressivement. Contrairement à l'alcool, dont le sevrage provoque des symptômes dramatiques, voire mortels, le sevrage du cannabis est généralement insidieux : il débute un ou deux jours après l'arrêt et atteint son apogée vers la fin de la première semaine. Les consommateurs décrivent souvent un malaise persistant, une agitation qui les pousse à rechercher le soulagement familier de la fumée ou de la vapeur. Les professionnels de santé reconnaissent clairement ces symptômes, mais ils correspondent rarement à l'image préconçue de la « dépendance » véhiculée par le grand public.

Lorsque le THC pénètre dans le sang, il interagit avec le système endocannabinoïde, un réseau de récepteurs qui régule l'humeur, l'appétit, le sommeil, la motivation et le système de récompense. À terme, une consommation fréquente engendre une dépendance externe, réduisant la production naturelle d'endocannabinoïdes par le cerveau. L'arrêt brutal de la consommation quotidienne plonge le cerveau dans une difficulté à retrouver son équilibre. Le syndrome de sevrage qui en résulte est subtil mais bien réel : sautes d'humeur, troubles du sommeil, irritabilité, diminution de l'appétit et difficultés de concentration. Pour beaucoup, l'absence de cannabis est vécue comme une perte de couleur, un monde plus âpre, plus stressant et plus difficile à gérer.

On décrivait souvent le cannabis comme une substance qui nous faisait « nous sentir normaux », sans se rendre compte que cette sensation était un signal d'alarme : non pas un signe d'usage anodin, mais de dépendance. Lorsqu'une substance devenait indispensable au fonctionnement normal, elle était déjà profondément ancrée dans les systèmes de récompense et de régulation. Les consommateurs qui affirmaient pouvoir s'en passer se retrouvaient souvent à éviter l'expérience, peut-être inconsciemment conscients du malaise qui en découlerait.

L'un des signes les plus révélateurs de la dépendance est apparu lorsque les individus ont tenté de réduire leur consommation. Ils se sont retrouvés à fumer plus que prévu, à négocier avec eux-mêmes leurs limites, ou à justifier un autre joint par des affirmations à la voix passive telles que :*On pensait qu'une articulation supplémentaire favoriserait le sommeil.*, ou *On disait que cela calmerait les nerfs.*Ces dialogues intérieurs ont révélé une perte subtile de contrôle sur soi, où ce qui ressemblait à un choix s'était progressivement transformé en contrainte.

La dépendance au cannabis s'installe souvent sur plusieurs mois, voire plusieurs années, s'insinuant insidieusement dans les habitudes quotidiennes. Les consommateurs organisent leur emploi du temps autour de la consommation de cannabis : ils attendent le moment de rentrer du travail, font des pauses pendant les tâches stressantes ou l'utilisent comme principal moyen de se détendre. Rapidement, les activités qui leur procuraient autrefois de la joie – le sport, les sorties, les loisirs – deviennent fades sans l'effet stimulant du THC. Le cerveau apprend progressivement à associer le plaisir, la relaxation et le soulagement uniquement au cannabis, rompant ainsi le lien naturel avec les activités qui leur offraient auparavant ces sensations spontanément.

Ce changement dans le traitement de la récompense était rarement perçu par les consommateurs. Ils se considéraient comme des adultes fonctionnels qui appréciaient simplement une plante inoffensive. Pourtant, avec le temps, le cannabis est devenu un élément central de leur identité, qu'ils défendaient farouchement, l'intégrant à leurs rituels sociaux, leurs habitudes personnelles et leurs mécanismes de gestion émotionnelle. Cette forme de dépendance psychologique était souvent plus forte que la dépendance physiologique et tout aussi difficile à vaincre.

Des comptes rendus cliniques anonymisés ont révélé ce schéma de manière récurrente. Des patients se présentaient en affirmant n'avoir aucun problème avec le cannabis, malgré une consommation quotidienne depuis des années. Lorsqu'on leur demandait s'ils avaient déjà essayé d'arrêter, leurs réponses révélaient souvent des symptômes de sevrage discrets. Certains décrivaient des insomnies les poussant à consommer à nouveau du cannabis dès la troisième ou quatrième nuit. D'autres admettaient que les disputes avec leurs proches s'intensifiaient lorsqu'ils tentaient de réduire leur consommation. Nombreux étaient ceux qui avouaient que les matins étaient insupportables jusqu'à leur prochaine consommation le soir. C'étaient là les signes de la dépendance : discrets, familiers et faciles à ignorer jusqu'à ce que quelqu'un les leur fasse remarquer.

Un homme de 27 ans avait un jour minimisé ses symptômes de sevrage, les attribuant à un simple stress. Pourtant, lorsqu'il a cessé sa consommation pendant une semaine en raison d'un voyage, il s'est retrouvé à faire les cent pas la nuit, à s'emporter contre ses collègues, à avoir une incapacité à manger et à rester éveillé jusqu'à l'aube. Il pensait que le changement d'environnement était la cause de son malaise, mais ses symptômes correspondaient parfaitement à ceux du sevrage cannabique. Une autre patiente, une femme de 34 ans, a constaté que son rituel d'« un seul joint le soir » s'était progressivement transformé en besoin de cannabis pour s'endormir. Lorsqu'elle a tenté d'arrêter, son insomnie est devenue si intense qu'elle a recommencé à consommer après seulement trois nuits. Elle était persuadée que cela prouvait que le cannabis l'aidait à dormir ; les cliniciens lui ont expliqué avec tact que cela prouvait en réalité qu'elle était devenue dépendante.

La dépendance psychologique est devenue encore plus insidieuse car le cannabis a longtemps été présenté comme non addictif. Les consommateurs reconnaissaient rarement la nature de leur envie. Ils expliquaient leur désir de cannabis par un besoin de « se détendre », de « se concentrer » ou de « se sentir normal », sans se rendre compte que ces justifications masquaient une consommation compulsive. Ces envies ne se manifestaient pas toujours par des pulsions physiques intenses ; elles prenaient souvent la forme de pensées persistantes, d'un malaise émotionnel ou du sentiment que la journée était incomplète sans fumer.

Comprendre cette dynamique impliquait de reconnaître que la dépendance s'inscrit dans un continuum. Tous les consommateurs de cannabis ne développent pas de dépendance, mais une consommation fréquente augmente considérablement le risque. Les jeunes adultes sont particulièrement vulnérables, car leurs voies neuronales, encore en développement, s'adaptent rapidement aux stimuli répétés. Chez eux, la dépendance peut s'installer plus vite et s'enraciner plus profondément, surtout lorsque le cannabis est utilisé pour gérer des difficultés émotionnelles ou le stress. Avec le temps, il influence leurs réactions émotionnelles, faisant de l'absence de THC une sensation de déséquilibre ou de détresse.

L'un des dangers à long terme d'une dépendance imperceptible résidait dans l'exposition prolongée à la fumée de cannabis et au THC, entraînant toute une série de risques pour la santé décrits dans d'autres chapitres. Plus les consommateurs devenaient dépendants, plus ils fumaient fréquemment et intensément. Cette exposition accrue aux toxines, au goudron, à la chaleur et aux particules de combustion imposait une pression plus forte sur les systèmes respiratoire et cardiovasculaire. La dépendance était rarement un phénomène isolé ; elle s'entremêlait aux conséquences physiques de l'inhalation quotidienne de fumée. L'idée fausse selon laquelle le cannabis était inoffensif amenait les consommateurs à sous-estimer les dommages cumulatifs qu'ils infligeaient à leurs poumons, à leur cœur et à leurs vaisseaux sanguins.

L'acceptation sociale et la légalisation croissante du cannabis dans de nombreuses régions ont conduit certains à se persuader que la dépendance ne les concernait pas. Ils le percevaient comme une alternative aux drogues dures, un relaxant naturel ou un simple loisir inoffensif. Cette normalisation a rendu d'autant plus difficile pour les consommateurs de reconnaître le passage de la dépendance à la nécessité. La transition s'est faite progressivement : une habitude de week-end est devenue une routine quotidienne, puis plusieurs prises par jour. Souvent, la prise de conscience n'intervenait que sous la contrainte : rupture de stock, voyage, restrictions légales ou financières. Dans ces moments d'abstinence inattendus, le sevrage se manifestait alors brutalement et sans équivoque.

Dans de nombreux foyers, la dépendance est devenue une source de tension silencieuse. Les partenaires ont remarqué des changements d'humeur en l'absence de cannabis ou ont constaté que les sorties étaient organisées en fonction de la consommation. Les membres de la famille ont parfois exprimé leur inquiétude, mais celle-ci a été balayée d'un revers de main par des remarques comme :*On disait que fumer de l'herbe était inoffensif* ou *On insistait sur le fait que démissionner était facile*Ces assurances correspondaient rarement à la réalité.

La dépendance affectait aussi la productivité de manière insidieuse. Les consommateurs croyaient souvent que le cannabis améliorait leur créativité ou leur concentration, ignorant qu'une consommation prolongée altérait fréquemment leur motivation et leurs fonctions exécutives. Les tâches étaient retardées, les responsabilités reportées et les périodes d'apathie s'allongeaient. Le consommateur attribuait ces changements à des circonstances extérieures, sans reconnaître l'influence subtile du THC sur les voies cognitives.

Les personnes dépendantes au cannabis défendaient souvent leur consommation avec véhémence. Elles affirmaient que cela réduisait leur anxiété, mais dans de nombreux cas, leur anxiété de base était déjà accrue par la consommation chronique elle-même. Elles disaient que cela les aidait à dormir, sans se rendre compte que leurs rythmes de sommeil naturels étaient perturbés par une exposition prolongée au THC. Elles insistaient sur le fait que cela les apaisait, ignorant que leur irritabilité en l'absence de cannabis était un symptôme de sevrage, et non un trait de personnalité. Ces interprétations erronées permettaient à la dépendance de se masquer sous un prétendu bénéfice thérapeutique, perpétuant ainsi le cercle vicieux.

Malgré la nature insidieuse de la dépendance au cannabis, il est possible de s'en défaire. La première étape consiste à reconnaître que les symptômes de sevrage, les envies irrésistibles et la consommation compulsive indiquent un bouleversement physiologique et psychologique. Une fois la dépendance installée, les personnes concernées peuvent explorer des mécanismes d'adaptation plus sains, des stratégies de réduction progressive et des réseaux de soutien. Pour beaucoup, ce processus implique de réapprendre à dormir, à gérer le stress et à éprouver du plaisir sans recourir au THC.

Comprendre la dépendance au cannabis impliquait de se défaire de vieux mythes. L'addiction n'impliquait pas forcément un effondrement dramatique ou une destruction ; elle pouvait s'insinuer discrètement dans les habitudes quotidiennes. Elle se manifestait par des routines, une dépendance affective et l'adaptation du cerveau à une exposition régulière au THC. Elle modifiait les cycles de sommeil, la stabilité de l'humeur, la vivacité d'esprit et la réaction au stress. Elle se dissimulait sous les apparences d'une préférence, d'une forme de détente, d'une routine inoffensive.

Au final, la dépendance n'était pas un signe de faiblesse, mais une réponse biologique, façonnée par la chimie du cerveau et sa capacité naturelle d'adaptation. La reconnaître permettait aux individus de reprendre le contrôle, de faire des choix éclairés et d'aborder la consommation de cannabis avec conscience plutôt que par supposition. La vérité n'était pas que le cannabis était particulièrement dangereux, mais que croire qu'il ne comportait aucun risque empêchait les consommateurs de voir les changements qui s'opéraient en eux, tant mentalement que physiquement. Le voile est tombé seulement lorsque les gens ont compris que la dépendance pouvait être silencieuse, insidieuse et profondément ancrée dans leur quotidien, tout en étant bien réelle, puissante et méritant toute attention.

Chapitre 14 – Le cycle quotidien du fumeur : comment une consommation régulière amplifie les risques pour la santé

La consommation quotidienne de marijuana suivait un rythme prévisible, rituel et presque imperceptible pour celui ou celle qui la vivait. Le cycle commençait souvent par la pensée familière qu'un jour de plus à fumer ne changerait rien, que cette consommation régulière n'était qu'une habitude inoffensive. Pourtant, pour beaucoup, cette répétition a progressivement modifié leur physiologie, leur comportement et leur chimie interne d'une manière insoupçonnée. Ce qui semblait être une routine quotidienne rassurante amplifiait insidieusement les risques pour la santé décrits dans les chapitres précédents, transformant une exposition occasionnelle en un stress chronique pour les poumons, le cœur et les vaisseaux sanguins.

Le cycle commençait généralement innocemment. On pouvait fumer occasionnellement avec des amis le week-end ou consommer du cannabis pour se détendre après le travail. On pensait alors qu'une consommation occasionnelle nous mettait à l'abri de tout danger réel, et à cette époque, le corps tolérait la fumée et le THC sans conséquences dramatiques. Mais le cannabis moderne a évolué, s'éloignant considérablement de la plante douce et peu puissante des décennies précédentes. Le cannabis disponible aujourd'hui contient des concentrations de THC bien supérieures à celles qui existaient il y a vingt ou trente ans. Extraits, concentrés, dabs et fleurs à forte teneur en THC sont devenus la norme. Les consommateurs consomment souvent ces produits sans se rendre compte des risques qu'ils imposent à leurs systèmes cardiovasculaire et respiratoire. Et à mesure que la puissance augmente, la probabilité d'une consommation quotidienne augmente également.

Le cycle du fumeur quotidien se développait généralement par phases. Ce qui commençait par une consommation occasionnelle se transformait rapidement en un rituel nocturne, souvent justifié par des affirmations à la voix passive telles que :*On pensait alors que fumer favorisait la relaxation.* ou *On disait que cela apaisait l'esprit avant de dormir.*L'utilisateur s'est progressivement habitué à cette routine sans se rendre compte que le THC commençait peu à peu à dicter le déroulement de ses soirées. Avec le temps, ce rituel nocturne s'est amplifié : un joint est devenu deux, ou bien il a acheté une cigarette électronique plus puissante pour compenser sa tolérance accrue. Finalement, il s'est retrouvé à fumer tout au long de la journée – matin, midi, soir – et ce cycle s'est auto-entretenu.

La routine a amplifié les risques pour la santé, car l'organisme n'avait plus le temps de récupérer. L'exposition quotidienne entraînait une irritation quotidienne des tissus pulmonaires, une accélération quotidienne du rythme cardiaque, une vasoconstriction quotidienne, un stress oxydatif quotidien et une suppression quotidienne de la régulation cardiovasculaire naturelle. La chronicité a transformé ce qui aurait pu être un dommage isolé en un dommage cumulatif.

L'une des principales raisons pour lesquelles la consommation quotidienne de cannabis s'est avérée plus nocive est que le marché moderne du cannabis a fait grimper la concentration de THC à des niveaux sans précédent. Les dispensaires vendaient souvent des fleurs contenant 20 à 30 % de THC, tandis que les concentrés affichaient des taux allant de 60 % à plus de 90 %. Ces concentrations modifiaient considérablement la quantité de fumée inhalée et le comportement des consommateurs. Lorsque le cannabis était moins concentré, les quantités consommées étaient modérées. Lorsqu'il est devenu plus concentré, l'organisme s'est adapté plus rapidement, développant une tolérance plus vite et poussant ainsi le consommateur à augmenter les quantités pour obtenir le même effet.

Les consommateurs quotidiens se retrouvaient souvent à inhaler la fumée plus profondément et à la retenir plus longtemps, croyant ainsi intensifier l'expérience. En réalité, retenir la fumée dans les poumons permettait simplement à davantage de goudron, de particules et de toxines de se déposer sur les fragiles surfaces alvéolaires. L'inhalation plus profonde poussait les substances chimiques nocives jusqu'aux zones les plus reculées du tissu pulmonaire, là où les mécanismes d'élimination étaient les plus faibles. La répétition de ce processus plusieurs fois par jour accélérait la détérioration respiratoire.

Des chirurgiens et des pneumologues ont observé à maintes reprises les effets d'une consommation quotidienne. Ils ont décrit des poumons recouverts d'une épaisse couche de goudron noir, des bronches enflammées et rétrécies, et une muqueuse bronchique irritée par une exposition constante aux vapeurs chaudes. Ces observations n'étaient pas des anomalies rares : elles reflétaient la réalité vécue par les consommateurs réguliers de cannabis. Les dispositifs modernes de consommation à haute température, tels que les pipes en verre et les vaporisateurs à concentrés, provoquaient une chaleur encore plus intense dans la gorge et les poumons, endommageant les cellules épithéliales et réduisant la capacité des poumons à se protéger. Une exposition répétée rendait les voies respiratoires hypersensibles, gonflées et sujettes à la bronchite chronique.

Le système cardiovasculaire était soumis à une contrainte tout aussi importante. Le THC entraînait une augmentation du rythme cardiaque et de la demande en oxygène, modifiait le tonus des vaisseaux sanguins et perturbait la régulation autonome. Chez les consommateurs occasionnels, ces changements étaient temporaires. Chez les fumeurs quotidiens, le cœur subissait des pics de stress répétés, comparables à ceux d'une personne courant plusieurs fois par jour sans interruption. Avec le temps, les parois des vaisseaux commençaient à se rigidifier et leur revêtement endothélial s'alté. La circulation sanguine, autrefois fluide, laissait place à des turbulences. L'inflammation augmentait insidieusement, préparant progressivement le terrain à la formation de plaques et à l'obstruction vasculaire. Aucun de ces phénomènes ne provoquait de symptômes immédiats. Le consommateur se sentait souvent en bonne santé, voire convaincu de bénéficier d'un soulagement du stress. Pourtant, en profondeur, les dommages s'accumulaient petit à petit.
La consommation quotidienne amplifiait également les risques en raison de l'impact du THC sur le métabolisme. L'organisme stockait le THC dans les cellules graisseuses, le libérant progressivement. Avec une consommation quotidienne, le THC n'était jamais complètement éliminé. L'usager vivait dans un état d'intoxication légère quasi constant, même lorsqu'il se sentait sobre. Cette présence persistante altérait le fonctionnement de base du système cardiovasculaire, affectant le rythme cardiaque, la pression artérielle et l'intégrité des vaisseaux. Au fil des mois et des années, ces modifications subtiles s'accumulaient et engendraient des risques importants.

Le rythme de consommation quotidienne influençait également la façon d'inhaler. Nombreux étaient les fumeurs quotidiens qui utilisaient le cannabis comme principal moyen de relaxation, ce qui les incitait à prendre des inspirations plus longues et plus profondes pour maximiser l'effet. Ces habitudes d'inhalation produisaient davantage de fumée par respiration que chez les consommateurs occasionnels ou récréatifs. À chaque inspiration plus profonde, une quantité accrue de substances cancérigènes, de goudron, de métaux lourds et de particules fines pénétrait dans les poumons. Ces particules s'incrustaient profondément dans les alvéoles, où les macrophages peinaient à les éliminer efficacement. Avec le temps, ces dépôts rigidifiaient le tissu pulmonaire, réduisaient son élasticité et altéraient les échanges gazeux.

La nature trompeuse des habitudes quotidiennes des fumeurs contribuait à leur dangerosité. Ils minimisaient souvent la toux, la jugeant normale, les expectorations sans importance et l'essoufflement passager. Ils attribuaient ces symptômes aux conditions météorologiques, aux allergies ou à la fatigue, sans tenir compte de leur exposition quotidienne à la fumée. On entendait dire, avec désinvolture, que « tout le monde tousse un peu le matin », alors que cette toux était un signe évident d'inflammation des voies respiratoires. Une toux chronique indiquait que les bronches étaient enflées par l'irritation, ce qui poussait le mucus à travers des voies rétrécies et obligeait les poumons à compenser cette agression constante.

Même la perception que le cannabis était « naturel » ou « biologique » a contribué à ce cercle vicieux. Nombre de fumeurs quotidiens croyaient éviter les toxines présentes dans le tabac transformé. Ce qu'ils ignoraient, c'est que la combustion de toute matière végétale produit des substances chimiques nocives. Le fumeur quotidien s'exposait ainsi de façon répétée à ces toxines, inhalant des particules de combustion que les poumons ne sont pas conçus pour filtrer. La fumée dite « naturelle » contenait elle aussi des substances cancérigènes, irritantes et des hydrocarbures, qui s'accumulaient avec la consommation.

Cette exposition quotidienne a également amplifié la dépendance psychologique. N'éprouvant pas de symptômes de sevrage marqués, l'usager se croyait maître de la situation. Pourtant, son corps s'était insidieusement habitué à recevoir régulièrement du THC. La répétition quotidienne renforçait les circuits neuronaux associant le tabagisme au soulagement, au confort et à la stabilité. Ces circuits renforcés rendaient l'habitude plus difficile à perdre, entraînant une consommation plus longue et, par conséquent, une exposition plus importante aux toxines de la fumée tout au long de la vie. Nombreux étaient ceux qui sous-estimaient le pouvoir de ce renforcement psychologique. Ils pensaient que fumer quotidiennement n'était qu'une simple préférence, ignorant que leur cerveau avait commencé à dépendre de cet apport constant de cannabinoïdes.

La culture moderne du cannabis a également encouragé la consommation quotidienne. Les produits à forte concentration en THC étaient commercialisés comme des produits haut de gamme, et la normalisation du cannabis dans les espaces sociaux a contribué à faire passer la consommation fréquente pour inoffensive. Les consommateurs s'entouraient souvent de pairs qui fumaient régulièrement, créant ainsi un environnement où la consommation quotidienne paraissait normale. Cette normalisation a occulté les risques croissants, permettant à ce cycle de se perpétuer sans être remis en question.

Certains fumeurs quotidiens sont passés de la consommation d'herbes à celle de produits plus concentrés comme les concentrés de THC (dabs). Ces méthodes délivrent des quantités massives de THC en une seule inhalation, amplifiant considérablement le stress cardiovasculaire. Le rythme cardiaque peut s'accélérer en quelques secondes, la pression artérielle fluctuer fortement et les vaisseaux se contracter brutalement. La pratique régulière de ces inhalations provoque des troubles du rythme cardiaque et réduit la résistance vasculaire à long terme.

Les conséquences respiratoires s'aggravaient avec la poursuite d'une consommation quotidienne. Les poumons, autrefois capables d'éliminer la fumée occasionnelle, se retrouvaient submergés par l'important volume de toxines accumulées chaque jour. Les cils vibratiles – ces minuscules poils qui nettoient les voies respiratoires – s'abîmaient et devenaient moins efficaces. Sans eux, les poumons peinaient à expulser le goudron et les particules fines. La production de mucus augmentait en conséquence, entraînant des sécrétions plus épaisses qui obstruaient les voies respiratoires et réduisaient le flux d'air. Certains fumeurs quotidiens développaient finalement une bronchite chronique, une affection caractérisée par une toux persistante et une accumulation de mucus durant des mois, voire des années. Cette affection rendait la respiration plus difficile et augmentait la vulnérabilité aux infections respiratoires.

Fumer quotidiennement avait également des conséquences inattendues sur l'immunité. La fumée affaiblissait les cellules immunitaires des poumons, rendant plus difficile la lutte contre les agents pathogènes. Les fumeurs quotidiens rapportaient fréquemment être plus sujets aux rhumes, aux sinusites et autres maladies respiratoires, mais ils faisaient rarement le lien entre ces problèmes et la consommation de cannabis. Ils attribuaient plutôt ces symptômes à des facteurs externes ou les considéraient simplement comme une fatalité.

Pour beaucoup, la consommation quotidienne de cannabis durait des années avant l'apparition de symptômes significatifs. Et même lorsque ces symptômes survenaient, ils étaient souvent minimisés, considérés comme bénins ou sans lien avec le cannabis. L'essoufflement était attribué au vieillissement, les douleurs thoraciques au stress, et les troubles du sommeil à un rythme de vie effréné. Ces erreurs d'interprétation ont permis aux dégâts de se poursuivre sans être contrôlés.

Les professionnels de santé rencontraient fréquemment des fumeurs quotidiens persuadés d'être à l'abri des risques pour leur santé. Leur déni ne tenait pas à l'ignorance, mais à la nature insidieuse des dommages chroniques. Se sentant bien, ils pensaient être en bonne santé. Pourtant, lorsque ces personnes présentaient finalement des problèmes cardiovasculaires, des maladies respiratoires ou des complications chirurgicales inattendues, les signes de lésions accumulées devenaient indéniables. Les chirurgiens décrivaient des artères plus épaisses et plus fragiles chez les fumeurs quotidiens, des poumons recouverts d'un enduit visqueux et des vaisseaux réagissant de manière imprévisible lors des interventions. Ces complications n'étaient pas isolées : elles reflétaient l'impact cumulatif de l'inhalation quotidienne de fumées de cigarette.

Finalement, ce qui rendait la consommation quotidienne de marijuana particulièrement dangereuse, c'était l'illusion d'innocuité. Les effets se manifestant progressivement et silencieusement, les consommateurs quotidiens ne percevaient pas les risques qui s'accumulaient dans leur organisme. Ils ne ressentaient ni le dysfonctionnement endothélial se développer, ni la formation de plaques, ni le rétrécissement des voies respiratoires, ni la mort des cils. Ils croyaient gérer leur stress, stimuler leur créativité ou favoriser leur sommeil. Pourtant, à chaque inhalation, le coût physiologique augmentait.

Comprendre le cycle du fumeur quotidien a révélé une vérité souvent occultée dans les débats culturels : la fréquence, la puissance et la méthode d'inhalation ont toutes leur importance. Lorsque ces facteurs se combinent, les risques augmentent de façon exponentielle. Les fumeurs quotidiens s'exposent à une fatigue cardiovasculaire soutenue, à une irritation respiratoire chronique et à des lésions vasculaires à long terme que peu de gens reconnaissent avant qu'elles ne deviennent inévitables.

Ce cycle quotidien n'était pas une simple routine : il s'agissait d'une exposition continue à une fumée puissante, à une forte concentration de THC et à des facteurs de stress physiologiques qui, au fil du temps, modifiaient l'organisme. La prise de conscience de ce schéma offrait aux individus l'opportunité de réévaluer leurs habitudes et de comprendre que la constance silencieuse d'une consommation quotidienne avait des conséquences bien plus graves qu'ils ne l'imaginaient.

Chapitre 15 – Liens avec la santé mentale : anxiété, dépression et stress cardiaque

La relation entre l'esprit et le cœur avait toujours été plus intime que la plupart des gens ne le pensaient, et concernant la consommation de marijuana, le Dr London avait souvent affirmé que c'était un lien que beaucoup sous-estimaient jusqu'à ce qu'il soit trop tard. Il l'avait vu se déployer discrètement, parfois imperceptiblement, en écoutant les récits des patients ou en consultant des dossiers qui laissaient entrevoir un chaos intérieur bien avant que le corps ne montre des signes de faiblesse. Cela se reflétait dans les phrases murmurées par les proches dans les salles d'attente – des phrases comme*« Il était anxieux ces derniers temps. »* ou *« Elle disait que son cœur s'emballait après avoir fumé, mais qu'elle pensait que c'était normal. »*Il s'agissait de petits fragments de vérité qui, mis bout à bout, dressaient un tableau plus large de la manière dont le THC s'entremêlait avec le système nerveux et, par son intermédiaire, imposait un fardeau surprenant au système cardiovasculaire.

On présentait souvent le cannabis comme une substance relaxante, un remède contre le stress et la fatigue après une longue journée. Mais la réalité qu'il observait était bien plus complexe. Chez de nombreuses personnes, surtout les consommateurs quotidiens, le THC avait tendance à produire l'effet inverse. Au lieu du calme, il provoquait des accès de peur, des crises de panique irrationnelles, des sensations de mort imminente et des accès de paranoïa. La première fois, on avait tendance à mettre cela sur le compte d'un simple accident ou à l'attribuer à une variété plus forte que prévu. Pourtant, sous ces épisodes psychologiques, un autre phénomène se déroulait silencieusement : le cœur réagissait rapidement, violemment, presque désespérément, comme si le corps se croyait soudainement en danger de mort.

Cette réaction physiologique avait été maintes fois expliquée dans la littérature médicale, mais elle devenait bien plus alarmante lorsqu'on l'observait chez des personnes réelles. L'accélération du rythme cardiaque – parfois un doublement en quelques minutes après l'inhalation – n'était que le début. La pression artérielle augmentait brutalement, les vaisseaux sanguins se contractaient dans tout le corps, les hormones du stress comme l'adrénaline s'emballaient, et pour les personnes présentant déjà une légère fragilité sous-jacente, cette combinaison pouvait s'avérer dangereuse. Le Dr London se souvenait d'une jeune femme d'une vingtaine d'années qui lui avait été adressée après plusieurs passages aux urgences pour « crises de panique ». À chaque épisode, elle avait décrit des douleurs thoraciques, des palpitations et un engourdissement des bras. Elle avait supposé, comme beaucoup, qu'un facteur émotionnel était à l'origine de sa détresse. Mais les analyses ont révélé que son cœur réagissait à des pics soudains d'activité du système nerveux sympathique, directement liés au cannabis qu'elle fumait deux fois par jour.

Son cas n'était pas isolé. De nombreux consommateurs ont constaté que le cannabis intensifiait leurs émotions au lieu de les apaiser. Chez certains, cela créait un cercle vicieux : l'utiliser pour calmer le stress ne faisait qu'accroître ce dernier. Cette oscillation constante entre soulagement et malaise imposait un double fardeau : l'un sur la santé mentale, l'autre sur le système cardiovasculaire. Le Dr London s'efforçait souvent d'expliquer que les facteurs de stress chroniques, même ceux induits artificiellement par des substances, obligeaient le cœur à réagir comme si le danger était permanent, et qu'aucun organe ne pouvait maintenir une telle hypervigilance sans conséquences.

La dépression s'est également invitée dans cette discussion. Un nombre important de consommateurs quotidiens de marijuana ont rapporté un émoussement affectif, un manque de motivation, de longues périodes de déprime ou une incapacité à ressentir de la joie sans fumer. Avec le temps, cette dépendance affective est devenue un poids insidieux pesant sur leur quotidien. Sur le plan physiologique, la dépression a modifié le rythme cardiaque, accru l'inflammation, perturbé le sommeil et contribué aux déséquilibres hormonaux – autant de facteurs qui augmentent également le risque cardiovasculaire. La combinaison des effets du THC et de ces difficultés émotionnelles a créé ce que le Dr London a décrit comme une « charge de stress » invisible, quelque chose de lourd mais difficile à percevoir pour les patients jusqu'à l'apparition de symptômes physiques.

Il arrivait que des patients s'assoient dans son cabinet et décrivent ce qu'ils croyaient être des épisodes bénins : des palpitations, des extrasystoles nocturnes, des crises de peur soudaines qui les réveillaient en sursaut. Il les écoutait attentivement, reconnaissant en ces symptômes les signes d'une réaction de stress excessive. Nombre d'entre eux ignoraient que le cannabis pouvait déclencher des arythmies ou aggraver celles déjà présentes. Lorsqu'ils inhalaient du THC, les circuits de la peur dans leur cerveau s'activaient plus intensément que prévu, et tandis que l'inquiétude les submergeait, leur rythme cardiaque s'accélérait pour correspondre à la menace perçue. Panique et palpitations survenaient souvent simultanément, s'alimentant mutuellement dans un cercle vicieux qui laissait le patient bouleversé, désorienté et encore plus dépendant de la substance pour trouver un soulagement.

Plus inquiétant encore était le cas des consommateurs réguliers qui présentaient des signes d'instabilité émotionnelle, mais les attribuaient à des changements de personnalité ou au stress professionnel. Ils ignoraient que l'exposition constante au THC modifiait le fonctionnement des neurotransmetteurs. Les récepteurs avec lesquels la drogue interagissait étaient étroitement liés aux systèmes contrôlant l'humeur, la mémoire et la régulation émotionnelle. À terme, ces modifications pouvaient contribuer à des troubles anxieux, des épisodes dépressifs et une irritabilité chronique. Le corps réagissait à ces fluctuations émotionnelles avec autant d'intensité que l'esprit. Le cœur, percevant la détresse émotionnelle, répondait par des pics de pression artérielle, des arythmies et une augmentation de la demande en oxygène.

Il y avait un homme d'une trentaine d'années dont l'histoire a marqué le Dr London pendant des années. Consommateur régulier de marijuana depuis le début de la vingtaine, il pensait que cela lui permettait de garder l'équilibre. Il s'est présenté à l'hôpital après un malaise à son domicile, victime d'une intense douleur à la poitrine. Bien qu'il se soit finalement remis de son infarctus, ce qui a le plus frappé le Dr London, c'est la fragilité émotionnelle de cet homme. Son anxiété s'était aggravée au fil des ans et, lors de l'examen médical, il est apparu clairement que son cœur était déjà fragilisé bien avant le malaise. Une anxiété chronique avait maintenu son système cardiovasculaire en état d'alerte permanent pendant des années, et chaque fois qu'il consommait de la marijuana pour soulager cette anxiété, le THC amplifiait le stress physiologique au lieu de le réduire.

Une autre patiente, une jeune étudiante, a décrit des épisodes où elle ressentait une angoisse intense quelques minutes après avoir fumé. Son cœur s'emballait, sa vision se brouillait et, pendant quelques secondes, elle était persuadée qu'une catastrophe allait se produire. Elle pensait que ces épisodes étaient d'ordre psychologique, sans lien avec sa santé physique, mais lors d'un examen en milieu hospitalier, son rythme cardiaque a révélé des pics dangereux. Le THC avait déclenché une réaction de panique qui avait mis son système cardiovasculaire à rude épreuve.

L'interaction entre santé mentale et physique n'était pas qu'une simple théorie. Elle se constatait quotidiennement aux urgences, où des patients arrivaient tremblants, à bout de souffle, le cœur battant la chamade et désorientés. Nombre d'entre eux se croyaient en train de mourir. D'autres pensaient perdre le contact avec la réalité. Le personnel médical enregistrait fréquemment une accélération du rythme cardiaque, une augmentation soudaine de la tension artérielle et des arythmies, survenant quelques minutes seulement après la consommation de marijuana. Chez les personnes souffrant de problèmes cardiaques sous-jacents, même légers, ces variations physiologiques pouvaient déclencher de graves complications.

Le Dr London expliquait souvent que l'anxiété provoquait une véritable tempête hormonale dans l'organisme. Le cortisol et l'adrénaline augmentaient brusquement, resserrant les vaisseaux sanguins et contraignant le cœur à travailler davantage. Lorsque le cannabis intensifiait l'anxiété au lieu de la calmer, les consommateurs soumettaient involontairement leur système cardiovasculaire à un stress répété et inutile. À terme, cela contribuait à l'inflammation, à la formation de plaques et à une vulnérabilité accrue aux événements aigus tels que l'infarctus ou l'arythmie.

Le cercle vicieux entre détresse émotionnelle et tension physique était puissant. Une personne souffrant d'anxiété après avoir fumé pouvait constater une accélération de son rythme cardiaque, et la peur engendrée par cette sensation accentuait encore cette accélération. Ce cycle pouvait se prolonger pendant des minutes, voire des heures, et chez une personne prédisposée aux problèmes cardiaques, il créait un environnement interne dangereux. Le Dr London avait observé des individus sans antécédents familiaux de maladies cardiaques développer soudainement des symptômes cardiaques importants après des années de consommation de marijuana, associée à une forte instabilité émotionnelle.

La dépression a contribué à ce cercle vicieux de manière plus insidieuse, mais tout aussi néfaste. Les personnes dépressives dormaient souvent mal, manquaient de motivation pour faire de l'exercice et consommaient davantage de substances pour faire face à leur mal-être. Un mauvais sommeil, à lui seul, augmentait les risques cardiovasculaires, modifiant les variations de la pression artérielle nocturne et contraignant le cœur à travailler davantage durant la journée. De nombreux consommateurs de cannabis comptaient sur cette substance pour dormir, ignorant qu'elle perturbait les cycles de sommeil normaux et réduisait le sommeil profond, phase essentielle à la récupération cardiaque. Ils ne se sentaient reposés que superficiellement, tandis que leur corps souffrait d'une privation de sommeil chronique qui augmentait progressivement les risques cardiovasculaires.

L'effet combiné du stress mental, de l'instabilité émotionnelle et du stress physiologique induits par le THC a créé une situation explosive. Les effets n'étaient pas immédiats et n'étaient pas toujours spectaculaires. La plupart des consommateurs les décrivaient comme des changements subtils : une irritabilité accrue, une fatigue plus intense, des palpitations passagères, des moments de peur fugaces. Ils réalisaient rarement que ces moments s'accumulaient, chacun ajoutant une couche de stress supplémentaire à leur système cardiovasculaire.

Dans sa pratique clinique, les explications du Dr London surprenaient souvent ses patients. Nombre d'entre eux finirent par comprendre, parfois à contrecœur, que les effets apaisants recherchés grâce au cannabis étaient contrebalancés par la forte tension qu'il imposait à leur esprit et à leur cœur. Ce qu'ils prenaient pour de la relaxation n'était souvent qu'un engourdissement émotionnel ; ce qu'ils croyaient être un soulagement du stress marquait parfois le début d'un nouveau cycle de stress physiologique.

L'esprit et le cœur n'étaient pas des entités séparées fonctionnant isolément. L'anxiété serrait la poitrine tout comme elle resserrait les artères. La dépression affaiblissait la motivation, tout comme elle ralentissait le rythme cardiaque. Le THC pénétrait ce système fragile et agissait sur les deux fronts – émotionnel et physique – intensifiant le fardeau sans que l'utilisateur ne s'en rende pleinement compte.

Lorsque le Dr London a conclu ce chapitre, le message était clair : l'impact du cannabis sur la santé mentale a des répercussions profondes sur la santé cardiovasculaire. L'anxiété, les crises de panique, les déséquilibres émotionnels et les épisodes dépressifs ne sont pas de simples troubles psychologiques ; ils constituent des facteurs de risque de stress cardiaque réel et mesurable. Et dans un monde où le stress invisible est souvent le plus dangereux, comprendre ce lien pourrait faire la différence entre la prévention et la tragédie.

Chapitre 16 – « C'est naturel, donc c'est sans danger » : L'hypothèse la plus dangereuse

L'idée que ce qui est naturel est forcément sans danger s'était ancrée à travers les générations, tissée dans les cultures, les conversations et les habitudes que l'on perpétuait sans les remettre en question. Le docteur London l'avait entendue d'innombrables fois, prononcée avec une certitude tranquille, comme si cette phrase recelait une vérité indéniable. On la répétait dans les chambres d'hôpital, on la chuchotait dans les salles d'attente, elle se mêlait aux excuses des patients qui peinaient à accepter leur propre vulnérabilité. Elle apparaissait dans des déclarations comme…*« Mais ce n'est qu'une plante »*, ou *« C'est bio, donc ça ne peut pas être nocif. »*Comme si la simple origine d'une substance effaçait la complexité des conséquences biologiques qu'elle engendrait. Au fil des ans, il avait appris que cette croyance – ce sophisme naturaliste – était non seulement l'une des idées fausses les plus tenaces, mais aussi l'une des plus dangereuses.

La nature, se rappelait-il souvent, n'avait jamais promis la sécurité. Elle n'avait jamais prétendu que ses créations étaient inoffensives ou douces. La nature recèle à la fois des remèdes et des poisons, des feuilles bienfaisantes et des fleurs venimeuses. L'être humain a évolué pour identifier certains dangers, mais d'autres demeurent dissimulés sous des parfums agréables ou des apparences anodines. Dans son travail, il constatait quotidiennement comment une conception de la sécurité fondée uniquement sur l'étiquette « naturel » pouvait aveugler les individus face aux risques, jusqu'à ce que leur corps ne puisse plus en supporter les conséquences.

Il se souvenait d'une conversation en salle de réveil avec un homme d'une trentaine d'années qui avait subi un pontage coronarien d'urgence bien plus tôt qu'il ne l'aurait imaginé. Cet homme insistait sur le fait que sa forte consommation de marijuana n'avait pu contribuer à son état car, comme il l'avait formulé d'un ton neutre, « il pensait que c'était moins dangereux que les produits transformés ». Il l'avait dit avec confusion plutôt qu'arrogance, comme si son raisonnement avait été ébranlé sans pour autant faire place à la compréhension. Le docteur London l'avait écouté patiemment, sachant que les propos de cet homme reflétaient un discours culturel plus large, enraciné depuis des décennies.

Le cannabis, issu d'une plante, a été classé au même titre que les tisanes, les épices ou les remèdes naturels, alors même que son mode de consommation – combustion et inhalation – le distinguait totalement de tout produit destiné à soigner ou apaiser le corps. Fumer, quelle que soit la plante brûlée, engendre combustion, chaleur et sous-produits toxiques que les poumons humains ne sont pas conçus pour supporter. Pourtant, l'idée persistait que, puisque le cannabis ne provenait pas d'un laboratoire et ne contenait aucun additif chimique, il devait être exempté des conséquences biologiques observées avec d'autres formes de fumée.

Le Dr London avait constaté que cette croyance influençait les décisions d'adolescents, de jeunes adultes et de personnes plus âgées, tous en quête de réconfort dans un produit qu'ils croyaient naturel et sans danger. Certains l'avaient entendue de leurs pairs, d'autres par les médias, et beaucoup à travers des récits culturels transmis de génération en génération au sein de leurs communautés. La notion de « fumée bio » exerçait un étrange attrait, comme si tout ce qui était étiqueté naturel inspirait automatiquement confiance. Or, le corps humain ne fonde pas sa décision de sécurité sur des étiquettes ; il réagit aux composés chimiques, aux toxines, aux particules fines et à la chaleur – autant d'éléments présents dans la fumée de cannabis.

Il se souvenait d'avoir rencontré une femme d'une quarantaine d'années, dont l'essoufflement s'était progressivement aggravé au fil des années de tabagisme quotidien. Elle consommait du cannabis non seulement par plaisir, mais aussi dans le cadre d'un mode de vie qu'elle considérait comme plus holistique. Elle privilégiait les aliments biologiques, évitait les produits transformés et croyait fermement aux bienfaits des méthodes naturelles pour la santé. Lorsque ses examens ont révélé une importante inflammation des voies respiratoires et les premiers signes d'une bronchite chronique, elle a été sous le choc. D'un ton détaché, elle a déclaré : « Je pensais que les choses naturelles étaient censées être sans danger », comme si le fondement même de ses choix l'avait trahie. À cet instant, le Dr London a de nouveau compris l'influence profonde des préjugés – non seulement sur les comportements individuels, mais aussi sur les justifications tacites que les gens se donnent tandis que les dégâts s'accumulent silencieusement.

La complexité de la nature demeurait souvent invisible à l'œil non averti. Une feuille pouvait paraître inoffensive tout en contenant des composés capables de provoquer une défaillance d'organes. Une fleur pouvait sembler délicate tout en abritant des toxines capables de paralyser le cœur. Le monde naturel recèle certains des poisons les plus puissants connus de la science : des extraits mortels à quelques milligrammes, des plantes pouvant endommager le système nerveux, des champignons hépatotoxiques. Pourtant, aucun de ces poisons ne présentait de signes avant-coureurs pour ceux qui ignoraient comment décrypter leurs signatures biologiques. Croire qu'une substance est sans danger simplement parce qu'elle provient du sol plutôt que d'un laboratoire, c'était méconnaître à la fois la nature et l'organisme avec lequel elle interagit.

Même en médecine, de nombreux traitements vitaux provenaient de sources naturelles, mais nécessitaient d'être perfectionnés, contrôlés et dosés avec précision pour éviter tout danger. La morphine, extraite du pavot, pouvait sauver des vies lorsqu'elle était administrée correctement, mais les anéantir en cas de mésusage. La digitaline, extraite de la digitale, pouvait réguler le rythme cardiaque, mais aussi le perturber mortellement en cas de surdosage. La frontière entre remède et poison a toujours été ténue, et la franchir exigeait des connaissances plutôt que des suppositions. Le cannabis, bien qu'étant une plante, contenait des composés agissant puissamment sur le cerveau et le système cardiovasculaire. Le THC pouvait accélérer le rythme cardiaque, resserrer les vaisseaux sanguins et augmenter les besoins en oxygène du cœur. Lors de sa combustion, le cannabis libérait du goudron, des irritants, des substances cancérigènes et des particules fines, autant de substances qui agressaient les poumons d'une manière qu'aucune étiquette « naturelle » ne pouvait atténuer.

D'après l'expérience du Dr London, le sophisme naturaliste ne se contentait pas d'induire en erreur ; il procurait un sentiment de confort qui engourdissait la vigilance. Les consommateurs quotidiens de marijuana s'arrêtaient rarement pour réfléchir aux réactions de leurs poumons, car cet acte leur paraissait familier, banal et conforté par une norme culturelle. Le geste répétitif d'allumer un joint, d'inspirer profondément et d'expulser la fumée devenait un rituel, une habitude ancrée dans leur quotidien. Les signaux d'alarme du corps – toux, respiration sifflante, oppression thoracique – étaient souvent considérés comme passagers ou insignifiants. Après tout, se disaient-ils en secret, quel mal pouvait-il bien faire si cela provenait d'une plante ?

Il avait constaté le même raisonnement concernant d'autres substances. Il avait traité des cas de personnes ayant expérimenté des compléments alimentaires « naturels » vendus sans réglementation, ignorant que certains contenaient des doses dangereuses de stimulants. Il avait vu des patients intoxiqués par des remèdes à base de plantes contenant des contaminants ou des composés incompatibles avec leurs traitements médicamenteux. Dans chaque cas, le postulat de base était le même : naturel rimait avec sans danger. Pourtant, les conséquences contredisaient sans cesse cette croyance.

La place qu'occupe le cannabis dans la culture l'a rendu particulièrement vulnérable à cette idée fausse. Associé au calme, à la créativité, à la relaxation et à des vertus thérapeutiques, son usage traditionnel de longue date a contribué à l'idée qu'il était forcément inoffensif. Or, cet usage traditionnel n'impliquait ni les variétés à forte teneur en THC développées sur les marchés modernes, ni les formes concentrées disponibles aujourd'hui. Le cannabis moderne n'a plus grand-chose à voir avec celui consommé par les générations précédentes. Il présente des taux de THC plus élevés, une fumée plus dense et des effets cardiovasculaires plus marqués – des facteurs dont on tenait rarement compte lorsqu'on se fiait à des idées reçues héritées d'une autre époque.

Un patient, un jeune homme d'une trentaine d'années, s'était présenté à l'hôpital avec de fortes douleurs thoraciques après avoir fumé abondamment durant une semaine stressante. Interrogé sur sa consommation, il avait répondu d'un ton neutre qu'« il avait choisi le cannabis car cela lui semblait une alternative naturelle à la cigarette ou à l'alcool ». Il n'avait jamais remis en question l'idée que l'inhalation de fumée – quelle qu'elle soit – comportait des risques inhérents. À ses yeux, la fumée d'une plante paraissait moins dangereuse que celle des produits transformés. Mais ses artères révélaient une tout autre réalité. Les examens d'imagerie avaient mis en évidence une inflammation, la formation précoce de plaques et des signes de stress témoignant d'années de contraintes cardiovasculaires. Il avait contemplé les images avec incrédulité, tentant de les concilier avec sa conviction d'avoir fait le choix d'une solution plus sûre.

Cette perception de sécurité naturelle rendait également plus difficile la reconnaissance des premiers signes de dommages. Les palpitations étaient attribuées à l'anxiété ou à la fatigue. L'essoufflement était mis en cause par la météo ou le manque d'exercice. Une sensation d'oppression thoracique était considérée comme une simple contracture musculaire. L'esprit protégeait ainsi leurs croyances, interprétant les signaux du corps à travers le prisme de ce qu'ils tenaient pour acquis. Lorsqu'ils consultaient enfin un médecin, les lésions étaient souvent plus importantes qu'on ne le pensait. Fumer du cannabis quotidiennement pendant des années laissait des marques sur les poumons, le cœur et les vaisseaux sanguins, marques qui s'accumulaient silencieusement jusqu'à devenir impossibles à ignorer.

La distinction entre origine naturelle et impact biologique est devenue cruciale. L'organisme n'évalue pas si une substance provient de la terre ou d'un laboratoire ; il évalue sa composition chimique et les modifications physiologiques qu'elle induit. Le goudron, le monoxyde de carbone, les substances cancérigènes et les particules fines interagissent de la même manière avec les poumons, qu'ils proviennent du tabac ou du cannabis. La chaleur endommage la muqueuse des voies respiratoires, que la plante soit issue de l'agriculture biologique ou de la production industrielle. Les sous-produits de la combustion altèrent les échanges gazeux, indépendamment de la réputation culturelle de la plante. Le cœur réagit au stress induit par le THC comme à n'importe quel stimulant : en travaillant davantage, en battant plus vite et en demandant plus d'oxygène.

Le Dr London savait que remettre en question le sophisme naturaliste exigeait patience, clarté et compassion. Les gens ne s'accrochaient pas à ces croyances par entêtement, mais par confiance : confiance dans les récits entendus depuis leur enfance, confiance dans les messages culturels, confiance en leur propre raisonnement. Rompre cette confiance impliquait de proposer une nouvelle façon de comprendre, fondée non sur la peur, mais sur la vérité biologique. Il comprenait que les gens devaient saisir la différence entre origine naturelle et innocuité physiologique. Ils devaient comprendre que le corps ne faisait pas de distinction entre les dommages naturels et artificiels.

Lors de ses conversations avec ses patients, il décrivait souvent la nature comme une force duale. Elle offrait nourriture, guérison et beauté, mais aussi danger, toxicité et imprévisibilité. L'humanité avait survécu non pas en se croyant à l'abri, mais en apprenant à identifier et à respecter ce danger. En accordant une confiance aveugle aux substances naturelles, on se mettait en danger, car on ne parvenait pas à saisir la complexité inhérente à la nature.

En réfléchissant à l'objectif de ce chapitre, le Dr London le considérait non seulement comme une réfutation d'une idée fausse, mais aussi comme un rappel. Un rappel que la sécurité ne dépend pas de l'origine, mais de l'impact ; non pas du confort culturel, mais de la réalité biologique. Il espérait que les lecteurs iraient au-delà des apparences et comprendraient que les réactions du corps reposent sur la science, et non sur des sentiments.

Au final, l'hypothèse la plus dangereuse n'était pas que le cannabis soit naturel, mais que la nature elle-même soit intrinsèquement sûre. Comprendre cette distinction pourrait faire toute la différence entre une prise de conscience précoce et des regrets tardifs, entre la prévention et la crise, entre une croyance préservée et une vie préservée.

Chapitre 17 – Désinformation sur les réseaux sociaux : TikTok, Instagram et la montée en puissance des mauvais conseils

Le paysage informationnel moderne était devenu un lieu où la vérité et le divertissement se disputaient la vedette, et où le divertissement l'emportait souvent. Le Dr London avait observé cette transformation se dérouler non pas dans les revues scientifiques ou les congrès médicaux, mais sur les écrans de ses patients : de minuscules rectangles lumineux saturés de vidéos de quinze secondes, mais aux conséquences bien plus durables. Des plateformes comme TikTok et Instagram, jadis conçues pour la créativité et le partage, s'étaient peu à peu transformées en arènes où les conseils de santé étaient devenus du contenu, le contenu une monnaie d'échange, et les influenceurs les nouvelles autorités, indépendamment de leurs compétences.

Il n'était pas rare que des patients entrent dans son cabinet en évoquant quelque chose qu'ils avaient vu en ligne. Leurs propos étaient énoncés passivement, comme s'il s'agissait de répéter des faits recueillis auprès de sources fiables.*« On pouvait lire en ligne que le cannabis faisait baisser la tension artérielle. »* ou *« Un créateur avait expliqué que la fumée naturelle purifie les poumons. »* ou *« Un influenceur a affirmé que le cannabis protège le cœur en réduisant le stress. »*Ces déclarations étaient empreintes d'une conviction profonde, même si elles reposaient sur des malentendus, des vérités partielles, voire de purs mensonges. Le docteur London avait appris à reconnaître ce ton – cette certitude subtile qui émanait d'informations reçues de façon répétée grâce à des visuels attrayants, une musique entraînante ou des personnalités charismatiques.

Il avait compris que la désinformation ne se propageait pas par manque d'intelligence, mais parce que les systèmes en ligne privilégiaient la simplicité, l'audace et l'émotion au détriment de la nuance, de l'exactitude et de la prudence. Les algorithmes ne valorisaient pas la véracité des informations, mais ce qui était regardé, partagé et commenté. Les conseils qui paraissaient naturels, subversifs ou favorables aux habitudes populaires rencontraient souvent un écho bien plus important que les contenus prônant la modération ou la prise de conscience des risques. Il n'était donc pas surprenant que les vidéos faisant l'apologie du cannabis circulent largement, tandis que les débats équilibrés sur la santé restaient marginalisés.

Il se souvenait d'une jeune patiente qui insistait sur le fait que le cannabis pouvait « détoxifier les poumons », se basant sur une vidéo partagée des milliers de fois. La jeune fille avait déclaré, d'un ton neutre, que « l'auteur l'avait clairement expliqué », utilisant un jargon imitant le langage scientifique mais en dénaturant complètement le sens. L'auteur avait évoqué des « propriétés purificatrices de la plante », un « équilibre naturel de la fumée » et une « purification ancestrale des poumons », des expressions conçues pour paraître crédibles mais dénuées de toute vérité biologique. La jeune patiente y avait cru sans réserve, car la vidéo avait été aimée par un million de personnes et approuvée par de nombreux commentaires.

Le docteur London lui avait expliqué calmement que la fumée, quelle que soit son origine végétale, endommageait les poumons au lieu de les guérir. Elle l'avait écoutée, mais il avait perçu la résistance que lui inspirait l'immense décalage entre cette explication médicale posée et détaillée et les contenus en ligne, rapides et émotionnellement percutants, qu'elle avait consommés. Dans son monde, l'expertise se mesurait non pas aux diplômes, mais à la viralité. Et plus une affirmation était outrancière, plus vite elle se propageait.

Les influenceurs, dont beaucoup n'avaient aucune formation médicale, étaient devenus des acteurs majeurs dans la formation de l'opinion publique. Ils présentaient l'information de manière attrayante : graphismes colorés, sketches humoristiques, montages rapides et musique qui conféraient à n'importe quel message une apparence de confiance, simplement parce qu'il était familier. Nombre d'influenceurs n'étaient pas intentionnellement trompeurs ; ils se contentaient de répéter ce qu'ils avaient entendu, sans se rendre compte qu'ils contribuaient à une chaîne de désinformation. D'autres, en revanche, créaient délibérément du contenu destiné à susciter des réactions vives, car la controverse et l'enthousiasme augmentaient la visibilité. Certains spécialistes du marketing du cannabis ont utilisé ces plateformes de manière stratégique, mêlant images de style de vie et allégations de santé qui présentaient subtilement le cannabis comme inoffensif, voire bénéfique. Ils mettaient en scène des consommateurs se détendant, faisant de la randonnée, méditant ou cuisinant, avec des légendes suggérant subtilement que le cannabis améliorait le bien-être, stimulait la créativité et était bénéfique pour la santé cardiaque. Quelques-uns sont même allés jusqu'à détourner des études scientifiques légitimes, en déformant les conclusions pour les adapter à des récits susceptibles d'augmenter les ventes. Une phrase tirée d'une étude notant les effets relaxants à court terme du cannabis pouvait ainsi être transformée en une affirmation catégorique selon laquelle le cannabis prévenait les maladies cardiaques liées au stress, alors même que les résultats globaux suggéraient le contraire.

Cette manipulation a prospéré car la plupart des spectateurs n'avaient ni le temps ni l'envie de vérifier chaque affirmation. Naturellement, les êtres humains sont attirés par les informations qui confortent leurs désirs ou leurs croyances, et la normalisation croissante du cannabis a créé un terrain fertile pour la désinformation. Les plateformes elles-mêmes ont accéléré ce processus. L'algorithme de TikTok analysait le comportement des utilisateurs en quelques secondes : si un utilisateur regardait ne serait-ce qu'une seule vidéo sur le cannabis jusqu'au bout, le système interprétait cela comme un signe d'intérêt et commençait à lui recommander des vidéos similaires. En quelques minutes, un spectateur pouvait se retrouver plongé dans un univers soigneusement mis en scène où chaque créateur véhiculait le même message : le cannabis était inoffensif, bon pour la santé, voire supérieur aux autres substances.

Le Dr London constatait les résultats en temps réel. Les patients acquiesçaient lorsqu'il expliquait les risques pour la santé, mais il percevait le conflit intérieur qui les habitait. À leurs yeux, les images de TikTok et d'Instagram l'emportaient souvent sur les données cliniques. Ils avaient été exposés à maintes reprises à des publications suggérant que le cannabis était « l'alternative la plus sûre », « un remède naturel » ou « une plante médicinale mal comprise par la science traditionnelle ». Ces messages trouvaient un écho émotionnel car ils offraient réconfort et validation. La vérité, complexe et parfois dérangeante, peinait à rivaliser avec cette simplification déguisée en autonomisation.

Il repensa à un autre cas : celui d'un homme d'une trentaine d'années qui avait souffert de palpitations inquiétantes après avoir fumé beaucoup de cannabis pendant une période stressante. Interrogé sur sa consommation, l'homme avait répondu d'un ton neutre : « On m'avait expliqué sur Internet que le cannabis aidait à réguler le rythme cardiaque. » Les informations erronées auxquelles il avait cru provenaient d'un créateur de contenu qui publiait fréquemment des conseils de bien-être, mais qui utilisait un vocabulaire médical imprécis. Ce créateur décrivait le cannabis comme un « relaxant cardiaque naturel », affirmant que le THC apaisait le cœur et améliorait la circulation. Ces affirmations, prononcées avec assurance et accompagnées d'images attrayantes, avaient suffi à convaincre des milliers d'internautes. Mais l'homme assis devant le Dr London avait appris la vérité à ses dépens : après un trajet en ambulance et de longues heures aux urgences.

Le Dr London avait cherché à comprendre les mécanismes psychologiques de ce changement. Il avait constaté que beaucoup de gens ne faisaient plus confiance aux sources d'information traditionnelles. Les experts s'exprimaient d'un ton mesuré, utilisant un langage prudent et reconnaissant leurs incertitudes. Les influenceurs, quant à eux, parlaient avec une conviction absolue, offrant des réponses simplistes à des questions complexes. Leur assurance avait plus d'impact qu'une analyse rigoureuse, et le rythme effréné des réseaux sociaux donnait l'impression que toute analyse approfondie était lente et dépassée. Les internautes voyaient rarement les conséquences réelles – infarctus, lésions pulmonaires ou crises d'angoisse – car ces réalités se déroulaient à huis clos, loin des écrans de télévision soignés.

Il avait également remarqué que les clips populaires utilisaient souvent des expressions comme*« Les médecins ne vous le diront pas. »* ou *« Les grandes entreprises ne veulent pas que vous le sachiez. »*Ce discours alimentait un récit qui présentait la désinformation comme un acte de rébellion et d'émancipation. Il suggérait que consommer du cannabis n'était pas seulement un choix, mais une prise de position contre l'autorité, transformant ainsi cet acte en quelque chose de culturellement attrayant. Il a créé un climat où les recommandations scientifiques semblaient contraignantes, tandis que les contenus des influenceurs paraissaient libérateurs.

Le problème, selon le Dr London, n'était pas simplement l'existence de la désinformation – celle-ci avait toujours fait partie intégrante de la société. Le véritable enjeu résidait dans la vitesse et l'ampleur de sa propagation. TikTok et Instagram diffusaient les contenus plus vite que les rectifications ne pouvaient être publiées. Une simple vidéo trompeuse pouvait atteindre des millions de personnes en quelques heures, tandis que les informations médicales exactes peinaient à se faire une place sans une mise en scène sensationnaliste. Ce déséquilibre créait un climat où la vérité était en retard sur le mensonge, et où les conseils dangereux se normalisaient bien avant que les experts puissent intervenir.

Il pensa à une jeune femme arrivée aux urgences en proie à de graves crises d'angoisse déclenchées par sa consommation de marijuana. Elle avait commencé à en consommer car, comme elle l'expliqua d'un ton détaché, « des vidéos en ligne disaient que ça aidait les personnes anxieuses ». Elle ignorait que le THC pouvait aggraver l'anxiété chez de nombreuses personnes, surtout à fortes doses. Les créateurs de contenu qu'elle suivait ne montraient que les effets apaisants, ignorant la variabilité biologique qui rendait la marijuana imprévisible. Son expérience avait été terrifiante – palpitations, oppression thoracique, une peur intense – et elle avait eu du mal à comprendre pourquoi sa réaction différait des images idylliques qu'elle avait vues en ligne.

L'essor des contenus courts a également rendu la nuance quasi impossible. Les explications complexes en matière de santé ne pouvaient plus tenir dans des clips de quinze secondes. De ce fait, les créateurs ont tronqué le contexte jusqu'à n'en conserver que des fragments, laissant aux spectateurs des idées incomplètes qui paraissaient pourtant complètes. Des termes comme « anti-inflammatoire », « relaxant naturel » et « composés végétaux bénéfiques pour le cœur » étaient employés à tort et à travers, sans aucune mention de dosage, de mode d'administration ou de conséquences physiologiques. Ces fragments sont devenus des croyances, et ces croyances ont influencé les comportements.

Dans les conversations du Dr London avec ses collègues, la question des réseaux sociaux revenait fréquemment. Nombre d'entre eux constataient une difficulté accrue à convaincre les patients des risques réels. La confiance autrefois accordée aux professionnels de santé était désormais dispersée entre d'innombrables sources en ligne, dont beaucoup n'assumaient aucune responsabilité quant aux conséquences de leurs conseils. La démocratisation de l'information avait certes permis de donner plus de pouvoir aux patients, mais elle avait aussi brouillé la frontière entre expertise et opinion. En matière de santé, cette confusion entraînait des conséquences réelles, parfois irréversibles.

Il avait commencé à percevoir la désinformation comme une sorte de polluant silencieux, invisible et pourtant omniprésent, s'insinuant discrètement dans les esprits et modifiant les décisions sans que les personnes concernées ne s'en rendent compte. Elle affectait non seulement les individus, mais aussi les communautés, façonnant les attitudes collectives face au risque et à la sécurité. Lorsque la désinformation devenait virale, elle n'induisait pas seulement une personne en erreur ; elle en induisait des milliers, voire des millions. Cette ampleur transformait des malentendus personnels en véritables enjeux de santé publique.

Le plus inquiétant, c'était que la désinformation sur le cannabis était souvent présentée sous un jour positif. Des vidéos montraient des gens riant entre amis, cuisinant des plats à base de cannabis ou l'utilisant dans le cadre de leurs rituels de bien-être. Ces représentations créaient une illusion d'innocuité, masquant les spectateurs des réalités physiologiques sous-jacentes. L'algorithme privilégiait les contenus accrocheurs, humoristiques et visuellement attrayants, tout en minimisant tout ce qui incitait à la réflexion ou remettait en question les idées reçues.

Le Dr London a compris que la solution ne viendrait ni des leçons de morale ni des messages alarmistes. Elle exigeait de la compréhension, de la patience et la volonté de contextualiser les risques de manière à toucher le public. Il fallait que les gens voient non seulement les dangers, mais aussi les mécanismes : le lien entre l'inhalation de fumée et les lésions pulmonaires, entre les pics de THC et le stress cardiaque, entre la consommation fréquente et la dépendance à long terme. Ils avaient besoin d'entendre des témoignages concrets, étayés par des conséquences réelles, pour contrer les récits édulcorés que l'on trouve en ligne.
Il imaginait souvent ce que donnerait un contenu médical précis bénéficiant de la même visibilité que les vidéos virales. Si une explication détaillée du stress cardiovasculaire pouvait atteindre des millions de personnes en quelques secondes, ou si les chirurgiens pulmonaires partageaient des images de tissus endommagés aussi fréquemment que les influenceurs partageaient des vidéos glamourisées de séances de fumette. Mais il savait que ce type de contenu manquait du pouvoir de divertissement nécessaire pour prospérer dans le contexte actuel. Les faits ne pouvaient rivaliser avec le spectacle.
Il gardait pourtant espoir. La prise de conscience avait progressé lentement, et une nouvelle génération de professionnels de la santé avait commencé à utiliser les réseaux sociaux pour prodiguer des conseils fiables. Ces créateurs de contenu devaient surmonter de nombreux obstacles, souvent éclipsés par des voix plus influentes, mais ils persévéraient. Le Dr London admirait leur engagement, sachant combien il était difficile de se faire entendre.

En réfléchissant à la montée de la désinformation, il a constaté que le problème dépassait le simple cadre du cannabis. Il s'agissait d'un changement plus profond dans la manière dont la société s'informe, forge ses convictions et prend des décisions en matière de santé. À l'ère actuelle, l'esprit critique est devenu une compétence essentielle, peut-être même aussi indispensable qu'une intervention médicale. Sans lui, les individus restent vulnérables aux mensonges séduisants propagés par des inconnus sûrs d'eux sur les écrans.
En écrivant ce chapitre, il espérait offrir aux lecteurs une perspective nouvelle sur le monde numérique, leur permettant de distinguer les faits du divertissement, l'expertise du charisme, la vérité de l'illusion de la vérité. Car, en fin de compte, la désinformation ne se contente pas de fausser la compréhension ; elle influence les comportements, affecte les individus et cause des préjudices réels. Et ces conséquences, contrairement aux tendances éphémères des réseaux sociaux, ne disparaissent pas avec l'extinction des écrans.

Chapitre 18 – Légalisation et effet de halo de sécurité

L'introduction de la légalisation du cannabis dans diverses régions a eu un impact bien plus profond que le simple déplacement des frontières légales ; elle a subtilement modifié la perception du public, créant ce que le Dr London a appelé « l'effet de halo de sécurité ». Les patients entraient dans sa clinique avec une confiance tranquille : puisque le cannabis était légal, il ne pouvait présenter que des risques minimes. Cette conviction était rarement exprimée ouvertement ; elle s'insinuait plutôt passivement dans les conversations, comme si la légalité à elle seule offrait une protection.*« Cela avait été légalisé, alors il pensait que ça devait être sans danger. »*Un patient l'a admis, hochant la tête tout en essayant de concilier son récent infarctus avec des années de consommation régulière. Cette idée était répandue, rarement remise en question et souvent renforcée par le marketing des dispensaires, les discours sociaux et les messages gouvernementaux.

La légalisation avait une simplicité séduisante. Si une substance était légalement autorisée, la société semblait lui accorder une approbation tacite. On pensait que les lois existaient pour nous protéger, et les circuits légaux impliquaient une réglementation, un contrôle de la qualité et des normes de sécurité. On imaginait les dispensaires comme des apothicaires modernes, avec des experts capables de répondre aux questions sur la puissance, la préparation et les risques. Beaucoup croyaient que le passage de l'illégal au légal effaçait tout danger antérieur, comme si le processus de réglementation lui-même purifiait la substance. Mais le Dr London avait constaté à maintes reprises que la légalité était incapable de modifier la biologie. Légale ou illégale, la matière végétale fumée interagissait avec le corps de la même manière physiologique, présentant les mêmes risques cardiovasculaires et pulmonaires.
Il se souvenait d'un patient d'une vingtaine d'années, admis après une crise cardiaque soudaine. Ce patient consommait occasionnellement du cannabis depuis des années, mais sa consommation avait considérablement augmenté depuis l'ouverture de dispensaires à proximité. Il avait déclaré, d'un ton neutre :*Il pensait que le gouvernement ne l'autoriserait pas à acheter quoi que ce soit de dangereux*.Son regard ne trahissait pas de défi, mais une confiance mal placée. Il avait présumé que la surveillance et l'autorisation garantissaient la sécurité, oubliant une vérité fondamentale : la légalité n'est pas synonyme d'innocuité.

Les pratiques marketing sur les marchés légalisés ont amplifié cet effet de halo. Les dispensaires présentaient le cannabis comme un produit de consommation courante, souvent associé à des discours sur le bien-être. Les étiquettes vantaient les caractéristiques des variétés, leurs arômes, et même des bienfaits comme la « réduction du stress » ou la « relaxation ». Les produits comestibles et les teintures étaient conditionnés comme des produits haut de gamme, avec des designs élégants, des couleurs vives et des logos rassurants. On laissait subtilement entendre aux consommateurs, dans un langage de qualité et de sophistication, que ces produits étaient sélectionnés, testés et donc sûrs. Mais l'emballage ne pouvait rien changer à la pharmacologie ni aux conséquences physiques de l'inhalation de fumée ou de l'ingestion de fortes concentrations de THC.

Les messages gouvernementaux ont également contribué, involontairement, à la diffusion d'idées fausses. Les campagnes de santé publique mettaient souvent l'accent sur la minimisation des risques, la promotion de la modération et la mise en garde contre les dangers des produits illégaux. Bien que ces messages fussent scientifiquement fondés, leur formulation laissait souvent entendre que le produit légal et réglementé était intrinsèquement sûr. La population a intégré l'idée qu'elle pouvait faire confiance à l'accès légal, supposant que cela signifiait que sa consommation était largement sans risque. Dans ce contexte, nombreux sont ceux qui n'ont pas pleinement pris en compte les risques à long terme pour la santé cardiovasculaire, pulmonaire et mentale.

Le Dr London avait rencontré des parents qui achetaient du cannabis pour leurs jeunes adultes dans des points de vente agréés, persuadés que la légalité garantissait la qualité du produit et minimisait les risques pour la santé. Ils supposaient que les circuits officiels impliquaient des contrôles de sécurité rigoureux, ignorant que la réglementation portait principalement sur la pureté, les niveaux de pesticides et l'étiquetage du THC, et non sur les conséquences physiologiques plus larges d'une consommation régulière. Encouragés par cet accès facile et la confiance aveugle de leurs parents, les jeunes augmentaient souvent la fréquence et la puissance de leur consommation, aggravant ainsi, sans le savoir, les problèmes cardiovasculaires.

Il se souvint d'un cas particulièrement frappant concernant un patient d'une trentaine d'années, un consommateur régulier qui avait commencé à prendre des concentrés à forte teneur en THC provenant d'un dispensaire agréé. Le patient s'était présenté aux urgences avec de fortes palpitations et une sensation d'oppression thoracique. Il avait déclaré d'un ton neutre que*Il supposait que les produits légaux étaient plus sûrs que le cannabis de rue.*Cette déclaration témoigne de la prévalence de l'illusion de sécurité. Les examens ont révélé une inflammation artérielle et une accumulation précoce de plaque, conséquences d'une exposition chronique amplifiée par des formes concentrées. Le sentiment de sécurité du patient a retardé la prise de conscience du risque, permettant ainsi aux lésions de progresser insidieusement.

L'effet de halo s'étendait au-delà de la perception individuelle pour influencer le comportement du groupe. Les cercles sociaux renforçaient souvent la légalité comme un gage de sécurité, réduisant la prudence et augmentant la consommation collective. Les amis partageaient leurs recommandations de dispensaires, vantaient les mérites de certaines variétés, les qualifiant de « bonnes pour le cœur » ou « sans danger pour le corps », et mettaient en avant les tests en laboratoire comme preuve d'innocuité. Dans ces cercles, les discussions sur les risques étaient étouffées, le cadre légal justifiant implicitement cette pratique. Les avertissements des professionnels de la santé, des scientifiques ou des chercheurs étaient fréquemment ignorés, considérés comme dépassés ou alarmistes.

Même les consultations médicales reflétaient cette difficulté. Les patients déclaraient avec assurance consommer du cannabis, insistant parfois sur le fait qu'il provenait de sources légales, dans l'espoir implicite d'être rassurés. Nombre d'entre eux étaient surpris lorsque le Dr London expliquait que la légalité n'atténuait pas les risques cardiovasculaires ou pulmonaires, que le THC augmentait toujours le rythme cardiaque, contractait les vaisseaux sanguins et accroissait la demande en oxygène, et que la fumée inhalée – légale ou non – introduisait toujours du goudron, des irritants et des substances cancérigènes dans les poumons. Il observait souvent un changement subtil dans leur langage corporel, une brève hésitation entre leurs convictions initiales et la réalité qui se dessinait, suivie d'une reconnaissance timide du risque.

L'effet de halo a également masqué la prise de conscience du dosage. L'accès légalisé, combiné à des produits au design attrayant et à des variétés à forte teneur en THC, a encouragé une consommation accrue. Les concentrés, les huiles et les produits comestibles contenaient des taux de THC bien supérieurs à ceux consommés par les usagers récréatifs par le passé. Nombre d'entre eux, se fiant à la légalité et aux étiquettes attestant des tests en laboratoire, n'ont pas tenu compte du fait qu'une teneur plus élevée en THC amplifiait la fatigue cardiaque, le risque d'arythmie et le stress vasculaire. Ils ont interprété la légalité comme une garantie d'innocuité plutôt que comme une autorisation de surveiller attentivement leur consommation.

Le Dr London a constaté que cette idée fausse se conjuguait souvent aux risques liés à l'âge. Les jeunes adultes, se sentant déjà invincibles, ont rapidement intégré cet effet de halo. Ils supposaient que, puisque le cannabis était légal et commercialisé avec des messages axés sur le bien-être, la substance ne pouvait pas leur nuire. Il en a résulté une cohorte d'usagers de plus en plus exposés aux facteurs de stress cardiovasculaires et aux lésions pulmonaires à un âge précoce. Lorsque les conséquences physiologiques sont apparues, ces personnes avaient déjà installé des comportements nécessitant une intervention ou une prise en charge à long terme.

Un patient, âgé d'une vingtaine d'années, s'était présenté avec une gêne thoracique et un léger essoufflement. Il avait déclaré passivement que*Il faisait plus confiance à la marijuana vendue légalement qu'à toute autre substance.*Il s'était basé sur des souches testées en laboratoire et sur les conseils du personnel du dispensaire. Il n'avait pas compris que, même si les contaminants pouvaient être contrôlés, la fumée elle-même et les effets néfastes du THC sur son système cardiovasculaire présentaient des risques importants. Ses artères étaient enflammées et les premiers signes de dysfonctionnement endothélial étaient visibles, conséquences d'années d'exposition répétée. La légalité lui avait offert un faux espoir, masquant l'accumulation lente et silencieuse des dommages.

La formation dispensée en dispensaire, bien qu'utile parfois, pouvait involontairement renforcer certaines idées reçues. Les employés se concentraient souvent sur les caractéristiques du produit, la conformité légale et l'expérience utilisateur, sans nécessairement aborder les conséquences à long terme sur la santé. Rassurés par les recommandations professionnelles dans un cadre légal, les clients recherchaient rarement une vérification indépendante ou un avis scientifique. Cette dynamique amplifiait l'effet de halo, créant un environnement où la légalité, le marketing et les conseils anecdotiques éclipsaient collectivement les données médicales.

Le Dr London a également constaté que la légalisation avait influencé le discours public sur la réduction des risques. Les campagnes de sensibilisation insistaient souvent sur la sécurité par rapport aux produits illégaux, suggérant que le cannabis légal minimisait la contamination, les substances coupées et la puissance non réglementée. Bien que cela soit vrai dans ces contextes précis, le message véhiculait souvent une approbation implicite de l'innocuité générale. Les consommateurs ont intériorisé ces messages, assimilant la réglementation à une protection sanitaire complète, ce qui a occulté le fait que l'inhalation de fumée, les pics de THC et la consommation chronique restaient nocifs pour la santé.

La légalisation a eu d'autres conséquences sur la normalisation. Des substances autrefois illicites et stigmatisées sont devenues des comportements socialement acceptables. On trouvait désormais du cannabis au travail, lors d'événements sociaux et de rassemblements récréatifs, sans jugement. Cette acceptation culturelle, combinée à un sentiment de sécurité, a réduit les freins cognitifs qui auraient pu inciter à une évaluation critique des risques pour la santé. Lorsque l'entourage d'un consommateur considérait la substance comme inoffensive, le dialogue intérieur qui, auparavant, remettait en question les risques, s'estompait, laissant place à la complaisance.

Le Dr London avait observé le même phénomène chez les personnes âgées qui, auparavant, évitaient le cannabis. L'idée que la légalité de l'accès au cannabis était synonyme de légitimité encourageait l'expérimentation, souvent au mépris des problèmes de santé préexistants. Les patients souffrant d'hypertension, d'arythmie ou de maladies cardiovasculaires à un stade précoce supposaient que la légalité atténuait les risques, ce qui pouvait parfois aggraver leur état en cas de forte consommation. Il s'est rendu compte que cet effet de halo sécuritaire s'étendait à tous les âges et à tous les groupes démographiques, influençant les comportements, des jeunes adultes aux personnes âgées qui, autrement, auraient pu se montrer plus prudentes.

Il avait également constaté ces effets au sein des familles. Il arrivait que des parents autorisent leurs enfants adultes à consommer du cannabis à la maison, invoquant la légalité et la réglementation comme gage d'innocuité. Les discussions sur les risques étaient souvent discrètes, occultées par la confiance accordée au cadre légal et à l'autorité des dispensaires. Les enfants intériorisaient ces attitudes, associant légalité et innocuité, et augmentaient parfois la fréquence ou la puissance de leur consommation sans se rendre compte des dommages cumulatifs.

Même la littérature médicale a eu du mal à contrer efficacement l'effet de halo. Les études sur l'impact du cannabis légal étaient souvent complexes, nuancées et truffées de formulations conditionnelles qui se prêtaient mal à une diffusion virale sur les réseaux sociaux. Les utilisateurs voyaient des titres mettant l'accent sur la légalité ou les bienfaits récréatifs sans comprendre pleinement les données de risque sous-jacentes. Ce raccourci cognitif qu'était la légalité a occulté une analyse rigoureuse, laissant ainsi des conséquences sanitaires subtiles mais graves se manifester insidieusement.

Le Dr London a conclu que la compréhension de l'effet de halo de sécurité était cruciale pour la santé publique. La légalité n'immunisait pas contre les risques de troubles cardiovasculaires, de lésions pulmonaires ou d'arythmies induites par le THC. Cet effet de halo engendrait une confiance illusoire, incitant les consommateurs à sous-estimer les risques, à augmenter la fréquence et la puissance de leur consommation, et à ignorer les premiers signes d'alerte. Force invisible, il influençait les comportements avec autant de force que le goût, l'habitude ou la pression sociale, et nécessitait un travail d'éducation ciblé, un dialogue avec les patients et une sensibilisation de la société pour être contré.

Lors des consultations, il a insisté sur le fait que la légalité constituait un statut légal, et non une garantie médicale. Les produits testés en laboratoire pouvaient certes réduire les contaminants, mais ne pouvaient prévenir les lésions pulmonaires induites par la fumée ni le stress cardiaque causé par le THC. Les patients étaient encouragés à évaluer de manière critique la fréquence, la puissance et leur état de santé, en comprenant qu'une consommation responsable impliquait bien plus que le simple respect de la loi : elle impliquait de reconnaître et de respecter les limites de son corps.

Il réalisa que l'effet de halo sécuritaire n'était pas entièrement négatif. La légalisation avait réduit les sanctions pénales, amélioré la réglementation des produits et permis la recherche sur la pharmacologie du cannabis. Mais la conséquence inattendue – une perception erronée de l'innocuité par le public – était profonde. Pour la combattre, il fallait allier éducation et vulgarisation scientifique, récits convaincants et soutien de la part des professionnels de la santé et de la communauté. La prise de conscience de cet effet de halo pourrait permettre aux consommateurs de faire des choix éclairés, en conciliant légalité et compréhension réaliste des réalités physiologiques.

Le Dr London a souligné que l'effet de halo était subtil, omniprésent et persistant, et qu'il exigeait la vigilance non seulement des professionnels de la santé, mais aussi de la société dans son ensemble. Reconnaître que la légalité n'équivaut pas à l'innocuité constituait la première étape vers une consommation responsable, des messages de santé publique efficaces et un dialogue constructif entre patients et cliniciens. Ce n'est qu'en reconnaissant la distinction entre statut légal et conséquences biologiques que les individus pouvaient commencer à s'orienter dans le paysage actuel du cannabis en toute sécurité, armés de connaissances plutôt que de suppositions, et conscients que la légalité, bien qu'avantageuse dans de nombreux contextes, n'était jamais synonyme de santé.

Chapitre 19 – Vapotage, produits comestibles, huiles : sont-ils plus sûrs ?

Le paysage de la consommation de marijuana a considérablement évolué au cours de la dernière décennie. L'image du joint roulé à la main n'était plus la seule représentation de son usage ; désormais, une vaste gamme de modes d'administration a émergé, chacun présentant des effets physiologiques, des profils chimiques et des facteurs de risque distincts. Le Dr London a observé ces changements se déployer non seulement dans la société en général, mais aussi de près, au bloc opératoire et lors de ses consultations. Il a compris que, si le public supposait souvent que les formes alternatives – vaporisation, produits comestibles, huiles – étaient intrinsèquement plus sûres que le tabagisme, la réalité était bien plus complexe.
Le vapotage avait d'abord été perçu comme une alternative plus propre. On avait rassuré à maintes reprises les patients, notamment les plus jeunes, en leur affirmant qu'inhaler de la vapeur plutôt que de la fumée réduisait le goudron, les substances cancérigènes et l'irritation pulmonaire. Le message avait été largement assimilé : la vapeur était plus sûre, plus saine, plus moderne. Un patient avait expliqué, l'air de rien, que*Il était passé au vapotage car c'était censé être plus doux pour les poumons.*Il pensait que l'absence de fumée visible signifiait l'absence de danger. Un autre avait dit que*Des amis lui avaient dit que vapoter « purifiait » l'expérience,*créer l'illusion que les vapeurs inhalées permettraient d'éviter les risques bien connus associés à la combustion traditionnelle.

Le Dr London a dû préciser que si le vapotage permettait d'éviter certains aspects de l'inhalation de fumée, il présentait néanmoins des risques spécifiques. Les dispositifs eux-mêmes, conçus pour chauffer les huiles ou les concentrés de cannabis afin de produire de la vapeur, pouvaient délivrer des concentrations de THC extrêmement élevées en très peu de temps, augmentant considérablement la charge cardiovasculaire. L'absorption rapide par les poumons entraînait des pics soudains de fréquence cardiaque et de pression artérielle, similaires, voire plus marqués, à ceux observés après avoir fumé. Il avait constaté chez de jeunes adultes des troubles du rythme cardiaque, des palpitations et des crises d'angoisse, coïncidant avec une consommation intensive de cigarettes électroniques. Leur sentiment de sécurité avait retardé la reconnaissance des premiers signes d'alerte, illustrant le décalage persistant entre le risque perçu et le risque réel.

De plus, la composition chimique des liquides pour cigarettes électroniques était souvent sous-estimée. Le propylène glycol, la glycérine, les arômes et autres additifs étaient utilisés pour obtenir une inhalation douce et des saveurs agréables. Si ces ingrédients étaient généralement considérés comme sûrs dans l'alimentation, leur inhalation avait un impact physiologique différent. Les substances chimiques chauffées pouvaient se dégrader en composés réactifs irritant les tissus pulmonaires, provoquant une inflammation et, dans certains cas, des lésions pulmonaires aiguës. Les patients rapportaient fréquemment une toux, un essoufflement et une sensation d'oppression thoracique après des séances de vapotage fréquentes, alors qu'ils pensaient que l'absence de fumée garantissait l'innocuité du produit.

Les produits comestibles présentaient des défis différents. Sans l'irritation des poumons causée par la fumée, ils évitaient certains risques pulmonaires, mais entraînaient de puissants effets systémiques dus à une absorption retardée et un métabolisme prolongé. Les patients sous-estimaient souvent le dosage, car les effets étaient plus longs à apparaître. Le Dr London a traité des personnes ayant consommé des quantités de produits comestibles qui auraient semblé modérées si elles avaient été fumées, et qui ont ensuite subi une intoxication extrême au THC plusieurs heures plus tard. Les symptômes comprenaient une tachycardie, une hypotension, de l'anxiété et, dans de rares cas, une syncope ou une arythmie. Un patient avait expliqué passivement que...*Il avait pris le double de la dose recommandée parce qu'il n'avait « rien ressenti » immédiatement.*illustrant la difficulté rencontrée par de nombreux utilisateurs pour estimer les doses efficaces et le stress cardiovasculaire correspondant.

Les huiles et les teintures, extraits concentrés de cannabinoïdes, offraient une autre forme de consommation qui paraissait pratique et maîtrisée. Les étiquettes promettaient un dosage précis, une puissance constante et une administration discrète. Ces caractéristiques rendaient les huiles attrayantes pour les utilisateurs recherchant des effets prévisibles ou souhaitant éviter toute inhalation. Pourtant, les formes concentrées pouvaient encore provoquer des pics importants de fréquence cardiaque et de pression artérielle, en particulier chez les personnes souffrant de troubles cardiovasculaires préexistants. Le Dr London avait vu des patients se présenter pour une évaluation avec des signes précoces d'inflammation endothéliale, souvent liés à l'utilisation répétée de fortes doses d'huiles concentrées. Bien que l'absence de toxines liées à la combustion réduise le risque pulmonaire, la tension cardiovasculaire restait importante.

La distinction entre « plus sûr » et « inoffensif » était essentielle dans les discussions du Dr London. Il insistait auprès de ses patients sur le fait qu'éviter la fumée n'équivalait pas à éliminer le stress physiologique. Le cœur, expliquait-il, restait vulnérable à la tachycardie induite par le THC, à l'augmentation de la demande en oxygène du myocarde et à la vasoconstriction. Les jeunes adultes, en particulier, ignoraient souvent que leur consommation fréquente et importante de THC par vapotage ou par injection de produits comestibles pouvait déclencher des arythmies ou des arrêts cardiaques soudains. Ils supposaient que les méthodes modernes étaient intrinsèquement douces, et cette supposition retardait fréquemment la consultation médicale.

Les additifs chimiques ont également contribué à complexifier la perception de sécurité. Les liquides pour cigarettes électroniques contenaient souvent des arômes qui, chauffés, pouvaient générer des aldéhydes et d'autres substances irritantes. Certains utilisateurs ont rapporté des toux chroniques, une sensation d'oppression thoracique ou une respiration sifflante après une utilisation prolongée de ces produits. Les huiles destinées à la consommation orale contenaient parfois des solvants ou des conservateurs qui, bien que considérés comme inertes à faibles doses, pouvaient provoquer des troubles gastro-intestinaux ou interagir de manière imprévisible avec d'autres médicaments. Le caractère légal et réglementé de ces produits a donné aux utilisateurs un faux sentiment de sécurité, renforçant l'idée qu'ils étaient totalement sans danger.

Un autre facteur crucial était la puissance. Les concentrés, huiles et produits comestibles modernes contenaient souvent des taux de THC bien supérieurs à ceux des fleurs traditionnelles. Alors qu'un joint pouvait délivrer de 10 à 15 milligrammes de THC, les concentrés ou les produits comestibles pouvaient en délivrer 50 milligrammes, voire plus, en une seule prise. La consommation répétée aggravait le stress physiologique, notamment sur le système cardiovasculaire. Le Dr London avait observé des patients qui, en quête d'un effet plus long ou plus intense, augmentaient les doses au-delà de ce que leur organisme pouvait tolérer sans danger. Les effets retardés des produits comestibles entraînaient parfois des prises répétées sur une courte période, provoquant des concentrations plasmatiques de THC dangereusement élevées.

Le Dr London a également constaté que le mode d'administration influençait le type et le moment d'apparition des risques. Le vapotage et le tabagisme produisaient des effets cardiovasculaires quasi immédiats en raison d'une absorption pulmonaire rapide, tandis que les produits comestibles et les huiles entraînaient une exposition systémique retardée mais prolongée. Chaque méthode présentait un profil de risque distinct, pourtant la perception du public quant à leur innocuité était souvent uniformisée, de nombreux utilisateurs croyant que toutes les formes alternatives étaient sans risque. Il a constaté que l'éducation devait être précise : il fallait expliquer non seulement que des risques existaient, mais aussi que leur nature dépendait du mode de consommation, du dosage et de la physiologie individuelle.

Bien que le vapotage, les huiles et les produits comestibles puissent réduire l'irritation pulmonaire par rapport au tabagisme, ils ne l'éliminent pas complètement dans tous les cas. Les vapeurs chaudes présentent toujours un risque d'irritation des voies respiratoires, et l'inhalation d'huiles à forte concentration peut provoquer des réactions inflammatoires. Dans certains rapports, le vapotage chronique a été associé à des cas de lésions pulmonaires aiguës, parfois suffisamment graves pour nécessiter une hospitalisation. Les patients trouvaient souvent ces rapports contre-intuitifs, car ces dispositifs étaient présentés comme modernes et propres. Le Dr London a dû expliquer avec soin qu'éviter la combustion était bénéfique, mais ne constituait pas une garantie de sécurité.

Il insistait fréquemment sur l'importance cruciale du suivi des indicateurs de santé personnels. La tension artérielle, la fréquence cardiaque et les symptômes cardiovasculaires doivent être évalués régulièrement, en particulier chez les personnes souffrant de pathologies préexistantes ou consommant des produits à forte concentration. Nombre d'utilisateurs se fiaient uniquement à leur perception subjective – leur niveau d'euphorie ou de détente – sans corréler cette expérience aux indicateurs physiologiques de stress. Cette approche subjective, constatait-il, masquait souvent une tension cardiovasculaire sous-jacente jusqu'à l'apparition d'événements plus graves.

Un autre facteur de complexité résidait dans la tolérance et la dépendance. L'exposition répétée à du THC concentré pouvait entraîner des adaptations subtiles des fonctions cardiovasculaires et nerveuses. Les patients rapportaient une tolérance accrue, les incitant à augmenter les doses. Cette augmentation, bien que souvent considérée comme normale, comportait un risque caché : des doses plus élevées amplifiaient les pics de fréquence cardiaque, la vasoconstriction et la demande en oxygène. Les produits comestibles et les huiles, perçus comme inoffensifs du fait de l'absence de fumée, contribuaient silencieusement à la surcharge cumulative du système cardiovasculaire.

Le Dr London avait également observé des cas de polyconsommation, où les usagers combinaient vapotage, tabagisme et ingestion de produits comestibles. La conviction que ces méthodes alternatives étaient plus sûres incitait parfois les individus à utiliser plusieurs formes simultanément, pensant ainsi atténuer les risques en alternant ou en combinant les méthodes. En réalité, cela augmentait l'exposition totale au THC et aux autres composés actifs, amplifiant le stress cardiovasculaire et neurologique. Souvent, les patients ne rapportaient pas avec précision l'intégralité de leurs habitudes de consommation, masquant involontairement l'ampleur de l'exposition aux cliniciens.

Les perceptions sociales ont encore compliqué les comportements. Amis et influenceurs en ligne promouvaient fréquemment des modes de consommation alternatifs comme étant sains, modernes ou axés sur le bien-être. Les utilisateurs intériorisaient ces messages, adoptant de nouvelles méthodes sans en évaluer la puissance, le dosage ou leur propre sensibilité. Un patient avait expliqué passivement que*Il préférait vapoter parce que tout le monde disait que c'était « plus sain que de fumer »*.Pourtant, il avait souffert de palpitations et de crises d'angoisse à répétition. Lorsque le Dr London a examiné ses habitudes, il est apparu clairement que le vapotage fréquent d'huiles concentrées engendrait un stress cardiaque cumulatif équivalent, voire supérieur, à celui du tabagisme traditionnel.

L'éducation demeure primordiale. Le Dr London a souligné que la compréhension du profil de risque, de la puissance et de l'impact physiologique de chaque méthode est essentielle pour faire des choix éclairés. Si le vapotage et les produits comestibles peuvent atténuer certains effets néfastes, ils ne dispensent pas de la modération, de la surveillance et de la vigilance. Les utilisateurs doivent comprendre que la légalité, le marketing et les recommandations de leurs pairs ne sauraient remplacer la connaissance des effets cardiovasculaires et pulmonaires.

Il recourait souvent à des analogies pour clarifier la distinction. Éviter de fumer, expliquait-il, revenait à porter un casque à vélo : cela réduisait un type de risque de blessure, mais n'empêchait pas tous les accidents possibles. Les produits comestibles, les huiles et les dispositifs de vapotage réduisaient certains risques pulmonaires, mais introduisaient des considérations cardiovasculaires, neurologiques et systémiques spécifiques qui nécessitaient une attention particulière. Une mauvaise compréhension ou une sous-estimation de ces facteurs pouvait avoir de graves conséquences, même chez les personnes qui se considéraient responsables ou soucieuses de leur santé.

Le Dr London a également souligné que les recherches se poursuivaient. Les données à long terme sur les concentrés à forte concentration, le vapotage fréquent et la consommation de produits comestibles étaient encore en cours d'élaboration. Les premières observations suggéraient une tension cardiovasculaire, des troubles du rythme cardiaque et un risque d'irritation des voies respiratoires, mais de nombreux consommateurs supposaient que l'absence de données historiques signifiait l'absence de risque. L'aura de modernité et de légalité engendrait un sentiment d'immunité, même si l'organisme réagissait de façon prévisible aux facteurs de stress chimiques et physiologiques.

En pratique clinique, il a constaté qu'une prise de décision éclairée exigeait une communication transparente. Les patients devaient comprendre qu'éviter la combustion réduisait certains risques, mais n'offrait pas une sécurité totale. Le THC lui-même, indépendamment de la fumée, pouvait accélérer le rythme cardiaque, resserrer les vaisseaux et augmenter la demande en oxygène du myocarde. Les formes concentrées pouvaient intensifier ces effets. Le dosage, la fréquence, le mode d'administration et l'état de santé individuel étaient autant de facteurs essentiels à l'évaluation du risque.

En définitive, le Dr London a conclu que les modes de consommation alternatifs du cannabis présentaient un compromis complexe. Si la vaporisation et les produits comestibles offraient l'avantage de réduire l'irritation pulmonaire, ils comportaient des risques cardiovasculaires, neurologiques et systémiques importants. Les concentrés et les huiles amplifiaient la puissance et l'exposition, augmentant potentiellement le risque d'arythmies, de palpitations et de stress vasculaire. Les consommateurs devaient aborder ces méthodes avec vigilance, prudence et en s'informant, plutôt que de supposer que les alternatives modernes sans fumée étaient inoffensives.

Il constatait que la perception du public en matière de sécurité était souvent en retard par rapport aux avancées scientifiques. L'opinion publique considérait le vapotage, les huiles et les produits comestibles comme intrinsèquement plus sûrs, tandis que les médecins observaient les conséquences physiologiques silencieuses et cumulatives. Combler ce fossé nécessitait non seulement l'éducation des patients, mais aussi une sensibilisation plus large de la société, en insistant sur le fait que la modération, la surveillance et la compréhension des risques spécifiques à chaque méthode étaient essentielles à la réduction des méfaits. Le statut légal, l'attrait du marketing et la facilité d'utilisation n'ont pas effacé la réalité biologique ; ils ont simplement masqué les conséquences qui se développaient insidieusement, parfois pendant des années, avant de se manifester en milieu clinique.

Le Dr London a conclu que, pour qu'un usage responsable soit possible, il fallait plus que la légalité ou la nouveauté : il fallait des connaissances. La connaissance de la puissance, du mode d'administration, de l'exposition cumulative et de la réponse cardiovasculaire était essentielle. Si les formes alternatives pouvaient réduire certains risques pulmonaires, elles engendraient des risques cardiovasculaires distincts, parfois amplifiés. Pour les usagers comme pour les cliniciens, l'essentiel était de comprendre que les formes modernes de consommation n'étaient pas sans risque et que la vigilance, la modération et l'éducation restaient les outils les plus fiables pour s'orienter dans un univers du cannabis de plus en plus complexe.

Chapitre 20 – Pour ceux qui veulent arrêter : le plan d'action d'un chirurgien cardiaque

La décision d'arrêter le cannabis était rarement instantanée. Le Dr London avait constaté que ses patients arrivaient avec un mélange de détermination, de doutes et d'appréhension. Certains luttaient contre cette dépendance depuis des années, leur consommation étant profondément ancrée dans leurs habitudes quotidiennes et sociales. D'autres avaient reconnu les premiers signes de fatigue cardiovasculaire, d'oppression thoracique ou de toux persistante, et avaient finalement compris que leur corps leur signalait un besoin de changement. Le défi, expliquait-il, n'était pas une faiblesse morale ni un échec ; c'était une question de physiologie, d'habitude et de soutien. L'arrêt du cannabis était un processus, et la réussite exigeait stratégie, patience et des attentes réalistes.

Il commençait souvent ses consultations en reconnaissant la difficulté du parcours. Il rassurait les patients en leur expliquant que la dépendance – tant psychologique que physiologique – était courante et non le reflet d'un échec personnel. Nombre d'entre eux avaient intériorisé les idées reçues selon lesquelles le cannabis était inoffensif, et la confrontation avec la réalité des dommages potentiels au cœur et aux poumons pouvait être émotionnellement bouleversante. Un patient avait admis passivement que… *Il se sentait coupable d'avoir fumé pendant des années, mais aussi effrayé par ce que son corps avait pu endurer.* Le Dr London avait souligné que la première étape était la prise de conscience, et non le jugement. Comprendre les conséquences d'une consommation habituelle et accepter le désir de changement permettait de jeter les bases de stratégies concrètes.

La première étape, expliqua-t-il, consistait en une auto-évaluation. Les patients étaient invités à évaluer leurs habitudes de consommation : fréquence, dosage, mode de consommation privilégié et contexte. Certains fumaient quotidiennement depuis des décennies, tandis que d'autres étaient récemment passés aux concentrés à forte concentration ou au vapotage. Une évaluation précise permettait aux usagers d'identifier les comportements à risque, les périodes de vulnérabilité et les facteurs déclencheurs de la consommation. Un patient avait noté, de manière passive, que… *Il fumait surtout le soir pour se détendre après le travail.* ce qui a révélé à la fois une tendance et une opportunité d'intervention. Comprendre ses propres habitudes était crucial, car cela a permis de mettre en lumière les moments qui nécessitaient une planification et un soutien.

L'étape suivante consistait à fixer des objectifs réalisables. Le Dr London conseillait à ses patients d'arrêter progressivement, si nécessaire. Un arrêt brutal pouvait provoquer des symptômes de sevrage – irritabilité, troubles du sommeil, anxiété et envies irrésistibles – susceptibles de compromettre la réussite si l'on n'y était pas préparé. Pour certains, une réduction progressive permettait au corps et à l'esprit de s'adapter, diminuant ainsi le risque de rechute. Il rappelait souvent à ses patients que la modération et les progrès valaient mieux que la perfection. Un patient lui avait expliqué, d'un ton neutre :*Il visait à réduire sa consommation progressivement, plutôt que d'arrêter brutalement.*démontrant une approche pragmatique qui respectait les réalités physiologiques et psychologiques.
L'éducation a joué un rôle crucial dans la préparation au sevrage. Les patients ont été informés de ce à quoi ils pouvaient s'attendre et de la manière d'interpréter les réactions de leur corps. Les troubles du sommeil, les sautes d'humeur et les envies passagères ont été présentés non pas comme des échecs, mais comme des adaptations normales et temporaires. Le Dr London a souligné que le système cardiovasculaire réagissait souvent positivement quelques semaines après la réduction ou l'arrêt de la consommation de cannabis : le rythme cardiaque se normalisait, la tension artérielle s'améliorait et le stress diminuait. Constater des améliorations tangibles a contribué à renforcer la motivation, rendant ainsi la notion abstraite de risque plus concrète.

L'accent a été mis sur les stratégies comportementales tout au long du processus. L'identification des facteurs déclencheurs et le développement de mécanismes d'adaptation étaient des éléments clés. Les patients ont été encouragés à remplacer leur consommation habituelle par des alternatives plus saines : exercice physique, méditation, activités créatives ou activités sociales non liées au cannabis. Un patient avait noté, de manière passive, que*Il a pris l'habitude de faire des promenades le soir au lieu de fumer après le travail.*ce qui a permis de réguler le stress et de réduire les envies. Une autre personne a constaté que tenir un journal offrait un espace de réflexion et de gestion des émotions, remplaçant le rituel habituel de l'inspiration par une attention pleine conscience.
Les réseaux de soutien étaient essentiels. Le Dr London rappelait souvent à ses patients qu'arrêter de consommer du cannabis était plus facile lorsqu'on en parlait avec des amis, des proches ou des groupes de professionnels compréhensifs. Le soutien et la responsabilisation entre pairs réduisaient l'isolement et renforçaient la motivation. Les patients étaient orientés vers des consultations individuelles, des thérapies de groupe ou des communautés en ligne spécialement conçues pour l'arrêt du cannabis. Un patient avait expliqué, de manière assez passive, que*Il a rejoint un groupe de soutien local, ce qui l'a aidé à normaliser ses difficultés et lui a fourni des stratégies pour rester sur la bonne voie.*Le soutien social a permis aux individus de se sentir connectés, validés et encouragés lors de moments difficiles.

Il a également abordé les facteurs environnementaux. Retirer les accessoires liés au cannabis (vapoteuses, produits comestibles, feuilles à rouler et dispositifs pour fumer) des espaces de vie quotidiens a minimisé la tentation et réduit les stimuli associés à une consommation régulière. Les patients ont été encouragés à modifier leurs habitudes, en évitant les situations où le cannabis jouait un rôle central dans les interactions sociales ou la gestion du stress. Un patient avait d'ailleurs remarqué, de manière passive, que...*Il a réaménagé son appartement pour que ses objets de consommation soient hors de vue.*ce qui a réduit la consommation impulsive et a contribué à renforcer les nouvelles habitudes.

Un accompagnement professionnel était fortement recommandé aux personnes présentant une dépendance importante ou des comorbidités. Le Dr London a expliqué que les cardiologues, les médecins généralistes et les spécialistes en santé mentale pouvaient assurer un suivi médical, surveiller la fonction cardiaque et proposer des stratégies personnalisées. Dans certains cas, un traitement médicamenteux permettait d'atténuer les symptômes de sevrage ou de gérer l'anxiété et les troubles du sommeil. Les patients ont été rassurés : demander de l'aide n'était pas un signe de faiblesse, mais une démarche concrète vers une réussite durable.

Les modifications du mode de vie constituaient un autre pilier. L'exercice physique était mis en avant pour ses deux bienfaits : la réduction du stress et l'amélioration de la résistance cardiovasculaire. Les patients étaient encouragés à pratiquer des activités aérobiques, de la musculation ou du yoga, adaptées à leur condition physique et à leur état de santé. L'amélioration de la condition cardiovasculaire atténuait non seulement les effets néfastes de la consommation antérieure de marijuana, mais fournissait également une preuve tangible de la guérison, renforçant ainsi la motivation à maintenir l'abstinence. Des conseils nutritionnels étaient également proposés, privilégiant les aliments bénéfiques à la santé cardiaque et vasculaire. Un patient avait expliqué, de manière assez naturelle, que*Il a commencé à privilégier une alimentation équilibrée, riche en légumes, en protéines maigres et en graisses saines.*qui complétaient ses efforts pour arrêter de fumer et favorisaient le bien-être général.

L'importance d'une bonne hygiène du sommeil a été soulignée lors du sevrage. De nombreux patients ont rapporté des insomnies ou des troubles du sommeil après avoir réduit ou arrêté leur consommation de cannabis. Le Dr London a recommandé des horaires de sommeil réguliers, de limiter le temps passé devant les écrans avant le coucher et des techniques de relaxation comme la respiration profonde ou la relaxation musculaire progressive. La prise en charge proactive des troubles du sommeil a permis de réduire le risque de rechute et de rétablir l'énergie et la régulation de l'humeur, souvent perturbées pendant le sevrage.

Des techniques de pleine conscience et de gestion du stress ont été présentées comme des outils pratiques. Les patients ont appris à reconnaître leurs envies sans y céder, à observer leurs réactions physiologiques telles que l'accélération du rythme cardiaque ou la tension, et à mettre en œuvre des stratégies d'adaptation. La méditation, la visualisation guidée et les exercices de respiration contrôlée ont été intégrés à leur routine quotidienne. Un patient avait expliqué, de manière passive, que*Il pratiquait cinq minutes de respiration profonde chaque soir pour gérer son stress.*qui ont remplacé le recours habituel au cannabis comme mécanisme d'adaptation. Avec le temps, ces techniques sont devenues des habitudes, offrant ainsi d'autres moyens de gérer le stress émotionnel et physiologique.

Le suivi des progrès constituait un autre outil de motivation. Les patients étaient encouragés à noter leur consommation, leurs envies, leur humeur et leurs symptômes physiques. Constater des améliorations, même minimes, renforçait l'importance de poursuivre les efforts. Un patient avait noté, de manière passive, que*Il consignait quotidiennement sa fréquence cardiaque et la qualité de son sommeil.*ce qui a révélé des améliorations constantes et a renforcé son engagement. Des preuves objectives de son rétablissement ont contribué à dissiper les doutes persistants quant à l'impact de l'arrêt du tabac, lui apportant du réconfort lorsque sa motivation faiblissait.

La rechute était perçue comme une étape du processus plutôt que comme un échec. Le Dr London a souligné que les revers étaient fréquents et devaient être considérés comme des expériences d'apprentissage. Les patients étaient encouragés à analyser les facteurs déclencheurs, à adapter leurs stratégies et à s'engager à nouveau sans jugement. Un patient avait expliqué passivement que*Après une soirée stressante, il a fumé une fois, mais est revenu à son programme structuré le lendemain.*Cela démontre l'importance de la résilience et de la persévérance. Normaliser la rechute a réduit la honte et amélioré l'adhésion à long terme aux objectifs de sevrage.

L'information sur les bienfaits à long terme était une source de motivation. On rappelait aux patients que la récupération cardiovasculaire et pulmonaire pouvait commencer quelques semaines après l'arrêt du tabac, avec une diminution du rythme cardiaque, une meilleure oxygénation et une réduction de l'inflammation. La capacité pulmonaire et la fonction artérielle s'amélioraient souvent au fil des mois, et l'endurance et le niveau d'énergie augmentaient. Constater ces changements positifs renforçait l'idée que l'arrêt du tabac n'était pas seulement un moyen d'éviter les risques, mais une démarche active vers la guérison et une meilleure qualité de vie.

Le Dr London a également souligné l'importance des plans d'action personnalisés. Chaque patient présentait des facteurs déclenchants, des habitudes de consommation et des problèmes de santé qui lui étaient propres. Les plans étaient adaptés à chaque situation, en tenant compte de l'âge, des risques cardiovasculaires, du mode de vie et des facteurs psychologiques. Il a insisté sur le fait qu'aucune approche unique ne convenait à tous et que la flexibilité et l'adaptation étaient essentielles à un succès durable. Un patient avait expliqué, l'air de rien, que*Son plan était axé sur une réduction progressive grâce à la pratique quotidienne de la pleine conscience et à des séances de soutien hebdomadaires.*reflétant une approche individualisée qui correspondait à ses besoins et à ses préférences.

Pour certains patients, le suivi médical s'est poursuivi après l'arrêt du traitement. Des bilans cardiovasculaires réguliers, des tests de la fonction pulmonaire et des consultations de suivi ont permis de suivre l'évolution de la guérison. Les patients pouvaient constater des améliorations concrètes, ce qui renforçait leur adhésion au traitement et soulignait les bienfaits physiologiques d'une abstinence durable. Ces mesures objectives complétaient les expériences subjectives, offrant ainsi une vision globale des bienfaits pour la santé.

L'implication de la communauté et de la famille était également essentielle. Une communication ouverte avec des amis ou des proches bienveillants aidait les patients à gérer les situations sociales, à réduire la pression à la rechute et à rester responsables. Un patient avait expliqué passivement que*Son partenaire l'a soutenu en évitant de consommer du cannabis dans les espaces partagés.*ce qui a réduit la tentation et renforcé sa détermination. L'intégration du soutien social dans les efforts de sevrage a renforcé les comportements positifs et favorisé le succès à long terme.

De plus, le Dr London encourageait la réflexion sur les motivations. On demandait aux patients de réfléchir aux raisons pour lesquelles ils souhaitaient arrêter : préserver leur santé cardiaque, améliorer leur fonction pulmonaire, réduire leur anxiété ou reprendre le contrôle de leur vie. Clarifier leurs motivations favorisait un engagement intrinsèque et offrait un cadre pour la prise de décision dans les moments difficiles. Un patient avait expliqué, de manière assez passive, que*Il voulait arrêter principalement pour réduire la fatigue cardiaque,*ce qui fournissait une raison claire et convaincante de persévérer malgré les envies occasionnelles.

Enfin, le Dr London a insisté sur le fait que l'arrêt du tabac était un processus, et non un événement ponctuel. Les progrès se mesuraient en jours, en semaines et en mois, les améliorations cumulatives renforçant la motivation. Il a rappelé aux patients que même une réduction partielle était bénéfique pour la santé, que la constance primait sur la perfection et que les systèmes de soutien – médicaux, sociaux et comportementaux – étaient essentiels. Arrêter de fumer, a-t-il expliqué, était une reconquête à la fois pratique et symbolique de la santé, de l'autonomie et du bien-être.

Il concluait les consultations par des encouragements et des paroles rassurantes. On rappelait aux patients que la guérison était possible, que le corps pouvait se réparer avec le temps et que chaque étape vers l'arrêt était importante. Un patient avait expliqué passivement que*Il se sentait plus fort en sachant qu'il existait un plan structuré et fondé sur des preuves pour l'aider à arrêter de fumer.*Il a ainsi mis en lumière les bienfaits psychologiques d'un cadre clair et rassurant. Il a compris qu'arrêter de fumer ne se résumait pas à l'abstinence, mais qu'il s'agissait surtout de reprendre le contrôle de sa santé, de comprendre les risques et de faire des choix éclairés et durables.

Le Dr London a souligné que son rôle dépassait le cadre de l'intervention chirurgicale ou de l'observation clinique. Accompagner les patients dans leur sevrage était une mesure préventive, un acte d'autonomisation et une étape cruciale pour réduire les risques cardiovasculaires et pulmonaires à long terme. En combinant éducation, stratégies comportementales, soutien social et planification personnalisée, les patients pouvaient gérer le sevrage, vaincre leur dépendance et obtenir des bienfaits durables pour leur santé. Ce parcours exigeait engagement, patience et compréhension, mais il était tout à fait possible et profondément transformateur.

Finalement, il a rappelé à ses patients, avec douceur mais fermeté, que l'arrêt ou la réduction de la consommation de cannabis n'était pas un reproche à faire à ses choix passés, mais une démarche proactive vers un avenir plus sain. Chacun avait la capacité de reprendre le contrôle de son corps, de réduire le stress cardiovasculaire, de restaurer sa fonction pulmonaire et d'améliorer son bien-être. Le plan était simple dans son principe, mais complexe dans sa mise en œuvre : prise de conscience, préparation, soutien et persévérance. Ceux qui l'ont adopté, a observé le Dr London, l'ont rarement regretté, et leur cœur et leurs poumons, progressivement libérés des contraintes d'une consommation chronique de cannabis, ont discrètement récompensé leurs efforts.

Chapitre 21 – Parler aux adolescents et à leurs proches : un guide pratique de communication

Les conversations sur le cannabis étaient rarement simples, même avec les meilleures intentions. Le Dr London avait constaté que d'innombrables familles, partenaires et aidants peinaient à communiquer efficacement sur les risques liés à une consommation régulière. Les idées reçues, la pression sociale et les discours culturels brouillaient souvent le jugement, engendrant résistance, attitude défensive ou rejet. Fort de plusieurs décennies de pratique, il avait appris qu'une communication efficace exigeait préparation, empathie et clarté. Il ne s'agissait pas de faire la leçon ni de susciter la peur, mais de fournir des informations factuelles et accessibles, tout en instaurant un climat de confiance et un dialogue ouvert.

Les parents, en particulier ceux d'adolescents, trouvaient souvent ces discussions particulièrement difficiles. L'adolescence est une période d'expérimentation, de construction identitaire et de prise de risques. Nombre d'adolescents avaient déjà intégré l'idée que le cannabis était inoffensif, naturel, voire bénéfique. Un parent avait expliqué, d'un ton neutre, que*Son fils a ri lorsqu'elle a essayé de lui expliquer les risques cardiaques, en disant que tout le monde fumait à l'école.*Illustrant l'influence omniprésente de la culture des pairs, le Dr London a souligné que la première étape consistait à comprendre le point de vue de l'adolescent et à valider ses expériences sans pour autant cautionner les comportements à risque. Un ton calme et sans jugement a permis d'éviter un rejet immédiat du message et a favorisé une réception ouverte de l'information.

Il était essentiel d'entamer la conversation par des faits plutôt que par des suppositions. Expliquer que le corps, et en particulier le cœur et les poumons, pouvait subir un stress tangible dû à la consommation de marijuana a permis de passer du débat à la réalité observable. Un parent s'était vu conseiller d'aborder le sujet sous l'angle de la santé plutôt que de la morale, en déclarant passivement que*L'objectif n'était pas de punir ou d'effrayer, mais d'expliquer comment le THC et la fumée affectent le rythme cardiaque et l'apport d'oxygène.*Le fait de fournir des exemples précis, comme un risque accru de crise cardiaque ou des signes d'irritation pulmonaire, a permis de concrétiser des risques abstraits. Il a constaté que les adolescents réagissaient mieux à des explications scientifiques, compréhensibles et liées à des conséquences réelles qu'à des avertissements vagues.

Le moment choisi était tout aussi important. Le Dr London a observé que les discussions étaient plus efficaces lorsqu'elles avaient lieu dans des moments calmes et neutres, plutôt que pendant des conflits ou immédiatement après la découverte de la consommation. La mère d'un patient avait expliqué passivement que*Elle a choisi un après-midi de week-end pour en parler après avoir remarqué l'intérêt de son fils pour le vapotage, plutôt que de le confronter avec colère après l'école.*La préparation de la conversation, l'anticipation des questions et la patience ont permis un échange maîtrisé où l'information a pu être assimilée de manière réfléchie.

L'écoute active était essentielle à la réussite. Les adolescents et leurs proches avaient besoin de se sentir écoutés et compris. Le Dr London encourageait les membres de la famille à inviter l'autre personne à partager ses expériences et ses points de vue sans l'interrompre. Un adolescent avait expliqué passivement que*Il appréciait qu'on lui demande les raisons de ses expériences plutôt que d'être simplement réprimandé.*ce qui a favorisé une plus grande ouverture aux points de vue médicaux. La prise en compte des motivations – soulagement du stress, acceptation sociale, curiosité – a permis de valider les sentiments exprimés tout en jetant les bases d'une présentation factuelle.

Éviter les messages alarmistes était un autre principe clé. Le Dr London a fait remarquer que les menaces exagérées avaient souvent l'effet inverse, suscitant résistance ou scepticisme. Les adolescents, en particulier, repèrent rapidement les affirmations exagérées ou non étayées par des preuves. Il a donc recommandé de présenter des résultats mesurables et fondés sur la recherche : variations du rythme cardiaque, effets sur la pression artérielle, irritation pulmonaire et stress cardiovasculaire potentiel à long terme. Un parent avait expliqué passivement que*Elle a souligné que l'usage chronique pouvait augmenter le risque de crise cardiaque et réduire l'efficacité pulmonaire.*en orientant la discussion en termes de conséquences physiologiques observables plutôt qu'en termes de jugement moral.

Les analogies facilitaient souvent la compréhension. Le Dr London utilisait des comparaisons entre les habitudes quotidiennes et leurs conséquences physiologiques pour aider les proches à relier les risques abstraits à des expériences familières. Comparer la tension exercée sur le cœur par une consommation fréquente de marijuana à celle de courir un marathon quotidiennement, par exemple, illustrait le stress cumulatif sans susciter la peur. Un adolescent avait expliqué passivement que*Il pouvait visualiser son cœur travailler plus fort, ce qui rendait les risques plus concrets que n'importe quelle statistique prise isolément.*L'utilisation d'un langage reliant les concepts médicaux à l'expérience quotidienne a permis de rendre l'information mémorable et exploitable.

La clarté et la précision ont été privilégiées dans toutes les discussions. Des termes comme « fumée », « THC », « vasoconstriction » et « effort cardiovasculaire » ont été expliqués simplement, en évitant le jargon médical susceptible de dérouter ou de rebuter l'interlocuteur. Le Dr London encourageait les membres de la famille à présenter les informations par petites touches, en s'arrêtant régulièrement pour vérifier la compréhension et répondre aux questions. Un patient avait expliqué passivement que*Sa fille hochait lentement la tête à mesure que chaque concept était expliqué, montrant que la compréhension nécessitait du rythme et de la répétition.*Le fait de décomposer l'information en éléments clairs et pertinents a amélioré la mémorisation et réduit l'attitude défensive.

Il était essentiel de contextualiser les risques. Les adolescents comparaient souvent le cannabis à l'alcool ou au tabac et supposaient qu'il s'agissait d'une équivalence ou d'une absence de dangerosité. Le Dr London a conseillé aux familles de souligner les similitudes et les différences, en insistant sur les conséquences cardiovasculaires et pulmonaires. Un parent avait expliqué, de manière assez passive, que*Elle a comparé l'irritation pulmonaire causée par la fumée à ce qu'une personne ressentirait dans une pièce enfumée sur une période prolongée.*L'illustration des effets cumulatifs dans un scénario concret a permis de normaliser les inquiétudes sans les exagérer, démontrant ainsi que la discussion reposait sur des faits plutôt que sur une idéologie.

L'autonomisation dans la prise de décision était un autre élément essentiel d'une communication efficace. Le Dr London a souligné que les conversations ne visaient pas à imposer un comportement, mais à donner aux proches les connaissances nécessaires pour faire des choix éclairés. Les adolescents, les partenaires ou les personnes âgées réagissaient mieux lorsqu'on leur présentait des options, comme la modération, des stratégies d'arrêt ou d'autres moyens de gérer le stress. Un adolescent avait expliqué passivement que*Il se sentait plus en contrôle en sachant qu'il pouvait choisir de réduire sa consommation au lieu de se voir ordonner d'arrêter purement et simplement.*démontrant que l'autonomisation favorisait la réceptivité.

Des stratégies pour gérer les réticences ou le scepticisme étaient également proposées. Le Dr London avait constaté que la résistance initiale était fréquente, notamment chez les personnes influencées par les réseaux sociaux, leurs amis ou la culture populaire. Répondre calmement, reconnaître les opinions divergentes et s'appuyer sur des faits avérés se sont révélés plus efficaces que les arguments ou les ultimatums. Un patient avait expliqué passivement que*Il a d'abord écouté les convictions de son partenaire concernant le vapotage « sans danger », puis lui a expliqué avec douceur les implications cardiovasculaires.*ce qui a favorisé la compréhension plutôt que la confrontation. Le calme, l'empathie et la patience ont permis aux conversations de rester productives.

Les supports visuels et les récits ont renforcé la compréhension. Le Dr London avait constaté que les parents et les aidants utilisaient des schémas, des vidéos ou de brefs exemples de cas pour illustrer la surcharge cardiaque, les modifications pulmonaires ou l'effet du THC sur le système cardiovasculaire. Un patient avait expliqué passivement que*Elle a montré à son fils adolescent une illustration comparant des poumons sains à ceux affectés par l'exposition à la fumée.*ce qui a permis de traduire un risque abstrait en une image concrète. Les témoignages de patients anonymisés ont servi un objectif similaire, en ancrant les connaissances médicales dans des expériences réelles, sans sensationnalisme.

Encourager la réflexion sur les valeurs et les objectifs personnels s'est également avéré une approche efficace. On a demandé aux adolescents et aux adultes de réfléchir à la manière dont leur consommation de marijuana s'accordait avec leurs aspirations, leurs performances sportives, leur clarté mentale ou leur santé à long terme. Un patient avait expliqué passivement que*Il a réfléchi à la manière dont une consommation régulière affectait son endurance sportive et sa capacité de concentration à l'école.*ce qui a créé une motivation intrinsèque à évaluer les choix de consommation. Le lien entre les données médicales et les priorités personnelles a rendu la discussion pertinente et concrète.

Pour les personnes âgées, les stratégies de communication différaient légèrement, mais reposaient sur des principes similaires : le respect, la clarté et l'empathie. Nombre d'entre elles avaient des habitudes, des rituels sociaux ou des stratégies d'adaptation liés au cannabis. Le Dr London avait conseillé aux familles d'aborder ces conversations avec tact, en reconnaissant les bienfaits perçus tout en présentant les données médicales. Un membre de la famille avait expliqué, de manière passive, que*Elle a interrogé son père sur sa consommation, puis lui a donné des informations sur les problèmes cardiaques et l'irritation pulmonaire de manière respectueuse et factuelle.*qui encourageait le dialogue plutôt que la confrontation.

La constance et le suivi ont renforcé les messages. Les conversations étaient rarement efficaces en une seule séance. Le Dr London a recommandé de revenir périodiquement sur les sujets abordés, de répondre aux nouvelles questions et de réaffirmer les points clés sans porter de jugement. Un parent avait expliqué passivement que*Elle programmait des entretiens hebdomadaires pour discuter de santé et de stratégies d'adaptation, permettant un dialogue continu plutôt qu'un simple avertissement.*ce qui a permis de maintenir la sensibilisation et la réceptivité. Au fil du temps, un engagement constant a renforcé la compréhension et l'intégration des risques sanitaires.

L'exemplarité était un autre outil puissant. Les parents et les partenaires qui ont démontré des stratégies d'adaptation saines, une bonne gestion du stress et une modération dans leurs propres habitudes ont créé un environnement propice à une prise de décision éclairée. Un adolescent avait expliqué passivement que*Le fait de voir son aîné(e) choisir le sport plutôt que de vapoter après l'école l'a incitée à reconsidérer ses propres habitudes.*Illustrant l'impact de l'exemplarité observable, la présentation d'alternatives a renforcé le message et offert des pistes concrètes pour un changement de comportement.

Le Dr London a insisté sur l'importance de reconnaître les succès, même les plus modestes. Lorsqu'un adolescent réduisait la fréquence de ses rapports sexuels, évitait les produits à forte concentration ou adoptait des méthodes alternatives de gestion du stress, les encouragements positifs l'incitaient à persévérer. Les félicitations portaient sur l'effort et le choix éclairé, et non sur la moralité ou le jugement. Un patient avait expliqué passivement que*Sa mère l'a félicitée d'avoir choisi une option moins risquée lors d'une fête, ce qui a renforcé sa capacité à prendre des décisions.*soulignant le rôle du renforcement dans le maintien du changement de comportement.

Le recours à un professionnel était recommandé lorsque cela s'avérait nécessaire. Des thérapeutes familiaux, des conseillers ou des médecins spécialisés en toxicomanie ou en santé mentale pouvaient faciliter des échanges plus structurés, fournir des informations médicales précises et accompagner le changement de comportement. Le Dr London avait constaté que l'intervention d'un professionnel neutre permettait parfois de débloquer des situations, de valider les inquiétudes et de proposer des stratégies que les membres de la famille ne pouvaient pas mettre en œuvre seuls. Un patient avait expliqué passivement que*La rencontre avec un conseiller en compagnie de son adolescent a permis aux deux parties de communiquer plus efficacement.*ce qui a accéléré la compréhension et la confiance mutuelle.

Enfin, la patience et le réalisme ont été mis en avant. Le changement est rarement instantané. La résistance, l'expérimentation et les revers sont des composantes normales du processus. Le Dr London a encouragé les membres de la famille à garder les idées claires, à célébrer les progrès et à continuer d'apporter des conseils factuels et bienveillants. Un parent avait expliqué passivement que*Elle acceptait que son fils puisse continuer à en consommer occasionnellement, mais elle restait déterminée à l'informer des conséquences sur sa santé.*qui a permis de maintenir le dialogue et de renforcer la prise de décision éclairée.

En définitive, le Dr London a conclu qu'une communication efficace sur les risques liés au cannabis exigeait préparation, empathie et clarté. L'objectif était de fournir aux proches des informations précises, des alternatives concrètes et le soutien nécessaire pour faire des choix éclairés. Les adolescents, les partenaires et les personnes âgées réagissaient le mieux lorsque les conversations étaient calmes, factuelles, patientes et sans jugement. Des exemples concrets, des explications claires et une écoute active favorisaient la compréhension, apaisaient les réactions défensives et permettaient une prise de décision éclairée. Les familles qui adoptaient ces principes constataient souvent un dialogue soutenu, une confiance accrue et une amélioration de la santé, témoignant du pouvoir de l'éducation alliée à la compassion.

Il a rappelé aux parents et aux personnes s'occupant d'enfants que leur rôle était de faciliter la compréhension, et non de dicter les comportements. Fournir des informations factuelles, proposer des alternatives saines, encourager les efforts et maintenir un dialogue constant permet aux proches de faire des choix éclairés, fondés sur la connaissance plutôt que sur des idées reçues, la pression des pairs ou la désinformation véhiculée par les réseaux sociaux. Communiquer efficacement sur le cannabis constitue en soi une forme de prévention : protéger la santé cardiovasculaire et pulmonaire, renforcer l'autonomie et jeter les bases d'une prise de décision éclairée et durable.

Chapitre 22 – Leçons tirées de la table d'opération : des cas qui ont changé mon point de vue

Le bloc opératoire était un lieu de précision, de concentration et, souvent, de révélations bouleversantes. Le docteur London avait passé plus de vingt-cinq ans à étudier les interactions complexes entre le cœur, les poumons et les artères, mais ce n'est qu'après avoir rencontré plusieurs patients consommateurs réguliers de marijuana que son point de vue a radicalement changé. Il ne s'agissait pas de fumeurs occasionnels ; c'étaient des personnes dont la consommation s'était normalisée au fil des années, voire des décennies, grâce au discours culturel rassurant selon lequel le cannabis était naturel, inoffensif, voire thérapeutique. Dans la pénombre stérile du bloc opératoire, cependant, naturel ne rimait pas avec sans danger. Les conséquences étaient tangibles, parfois dévastatrices, et impossibles à ignorer.

L'un des premiers cas qui a remis en question ses hypothèses concernait un homme d'une trentaine d'années, en bonne santé et en pleine forme physique, admis à la suite d'une crise de douleur thoracique soudaine et intense. On avait d'abord suspecté un infarctus du myocarde classique, mais ce que le Dr London a observé pendant l'intervention chirurgicale dépassait le tableau clinique habituel. Les artères coronaires, qui auraient dû être relativement souples et perméables chez une personne de son âge, étaient criblées d'obstructions. Leurs parois étaient épaissies, inflammées et offraient une résistance à la circulation sanguine. Interrogé sur ses antécédents médicaux, le patient avait admis passivement que...*Il a fumé du cannabis quotidiennement pendant près de dix ans, sans jamais avoir touché une cigarette.*Il n'y avait aucun antécédent familial de maladie cardiaque précoce, aucun problème de cholestérol significatif, et la tension artérielle était souvent normale. Pourtant, voilà un jeune cœur mis à rude épreuve, une démonstration frappante que la simple fumée de marijuana pouvait provoquer de graves atteintes vasculaires.

L'intervention chirurgicale a révélé bien plus qu'une simple obstruction artérielle. Le Dr London a observé une légère décoloration du tissu pulmonaire, un ensemble de zones assombries témoignant d'une exposition chronique à la fumée. Alors qu'il avait jusqu'alors associé les poumons noircis principalement aux fumeurs de tabac de longue date, ce cas présentait un contre-exemple frappant. Les poumons du patient, bien que moins endommagés que ceux d'un fumeur invétéré, présentaient déjà des signes précoces de dépôts de goudron, d'inflammation et d'une diminution de l'élasticité. L'un des anesthésistes avait remarqué, de manière presque insidieuse, que...*Les pressions de ventilation ont nécessité un ajustement, car ses poumons étaient moins souples que prévu pour une personne de son âge.*Ces observations peropératoires ont remis en question la croyance antérieure selon laquelle la fumée de marijuana présentait un risque pulmonaire minimal, soulignant la nature insidieuse de l'exposition cumulative.

Un autre cas marquant concernait une femme d'une quarantaine d'années admise pour un pontage coronarien programmé. Son dossier médical était globalement sans particularité, hormis des douleurs thoraciques récurrentes et des arythmies. Elle avait laissé entendre, de manière passive, que*Elle fumait du cannabis occasionnellement depuis plus de vingt ans, le considérant comme un remède naturel contre le stress.*Au cours de l'intervention, les greffons artériels ont révélé un dysfonctionnement endothélial sévère, avec une formation de plaque si étendue qu'il a fallu réaliser plusieurs pontages. Le Dr London a constaté une élévation marquée des marqueurs inflammatoires dans ses artères, similaire à celle observée chez des personnes ayant fumé pendant des décennies. Le contraste entre son statut de non-fumeuse et la gravité de sa pathologie vasculaire a mis en lumière un enseignement crucial : la fumée de marijuana n'est pas sans danger. Elle peut engendrer des lésions silencieuses et progressives qui ne deviennent apparentes que lorsque leurs conséquences deviennent impossibles à ignorer.

Au-delà des artères et des poumons, le Dr London a observé des schémas subtils mais constants au niveau du cœur lui-même. Les consommateurs réguliers de marijuana présentaient souvent une légère hypertrophie cardiaque, un épaississement des parois musculaires suggérant un effort chronique. Un jeune homme avait été admis après un malaise à l'effort ; l'imagerie a révélé une hypertrophie ventriculaire gauche débutante, une affection qui se développe généralement après des décennies d'hypertension artérielle. Il avait admis passivement que...*Il consommait quotidiennement du cannabis pour se détendre après le travail et lors de réunions sociales.*La corrélation était indéniable. Il comprit que le cœur réagissait à un stress répété dû à l'accélération du rythme cardiaque, à l'augmentation de la demande en oxygène et à la vasoconstriction induites par le THC et les composants de la fumée. Ces adaptations microscopiques, restées silencieuses pendant des années, étaient des signes avant-coureurs d'événements potentiellement mortels tels qu'un infarctus, une arythmie ou une mort subite cardiaque.

Dans plusieurs cas, le Dr London a constaté une tendance à la consultation tardive. De nombreux patients avaient présenté des symptômes légers – palpitations occasionnelles, essoufflement ou gêne thoracique – qu'ils avaient soit ignorés, soit attribués au stress. La banalisation des symptômes était aggravée par des discours culturels minimisant les risques, créant un cercle vicieux dangereux où les signes avant-coureurs étaient ignorés. Un patient avait expliqué passivement que*Il pensait que ses douleurs thoraciques occasionnelles étaient normales car ses amis fumaient aussi et se sentaiënt bien.*Cette mentalité a retardé l'intervention médicale et aggravé les dégâts. Dans ces cas-là, la table d'opération s'est révélée un enseignement brutal, mettant en lumière des dommages qui auraient pu être atténués s'ils avaient été diagnostiqués plus tôt.

Les cas d'exposition pulmonaire chronique ont été parmi les plus marquants sur le plan émotionnel. Le Dr London a raconté l'opération d'un homme de 29 ans qui n'avait jamais fumé de tabac, mais qui consommait quotidiennement du cannabis depuis dix ans. Ses poumons étaient fortement noircis, avec des zones d'inflammation chronique et de fibrose débutante. L'anesthésiste avait noté, de manière passive, que... *Les pressions ventilatoires ont nécessité un ajustement précis en raison d'une compliance réduite,*Ce constat reflète l'impact physiologique tangible de l'inhalation prolongée de fumée. La saturation en oxygène du patient a fluctué plus que prévu durant l'intervention, démontrant que même les poumons les plus jeunes ne sont pas à l'abri des dommages structurels causés par la fumée organique. L'observation directe de ces effets a conforté le patient dans son message : les poumons sont faits pour respirer l'air, non pour brûler, et l'exposition cumulative, quelle que soit la substance, a des conséquences mesurables.

Le bloc opératoire a également permis de mettre en lumière des complications qui dépassaient le cadre cardiovasculaire et pulmonaire. Une patiente de 42 ans, consommatrice régulière de cannabis, avait développé une hypertension secondaire et des signes précoces d'insuffisance rénale. Les modifications vasculaires observées lors du pontage coronarien avaient compromis la perfusion rénale, illustrant les effets en cascade des lésions cardiovasculaires induites par le tabagisme chronique. Elle avait expliqué, d'un ton neutre, que…*Elle n'a jamais associé sa consommation à des conséquences à long terme sur sa santé, la considérant comme « naturelle et inoffensive* ».L'interconnexion des systèmes organiques est devenue évidente dans ces cas, soulignant que l'impact du cannabis n'était pas isolé mais pouvait influencer de multiples voies physiologiques au fil du temps.

Un cas particulièrement marquant concernait un patient admis après un arrêt cardiaque. La réanimation avait été couronnée de succès, mais l'étendue des lésions n'a été révélée que lors de l'intervention chirurgicale. Les artères coronaires étaient fortement obstruées et le cœur présentait d'importantes cicatrices dues à des événements ischémiques antérieurs non diagnostiqués. Le Dr London se souvient que le patient avait admis passivement que… *Il fumait quotidiennement du cannabis pour gérer son stress, sans jamais se soucier des conséquences à long terme.*Ce cas a mis en lumière un enseignement crucial : le risque cumulatif lié à une consommation prolongée peut se manifester soudainement et de façon catastrophique, même chez des personnes ne présentant aucun facteur de risque traditionnel. La table d'opération a offert une illustration saisissante et troublante : ce qui est culturellement perçu comme « sans danger » peut s'avérer mortel.

Grâce à ces expériences chirurgicales, le Dr London a dépassé la simple théorie pour s'appuyer sur une compréhension concrète. La combinaison des signes visibles – poumons noircis, artères enflammées, parois cardiaques épaissies – et des antécédents des patients a dressé un tableau éloquent qu'il était impossible d'ignorer. Il est devenu évident que la fumée de marijuana, quelle que soit son origine, comportait des risques cardiovasculaires et pulmonaires mesurables, qui s'accumulaient silencieusement au fil du temps. Cette prise de conscience a profondément influencé sa pratique clinique et sa manière d'informer les patients. Il ne se fiait plus uniquement à des études générales ou à des mises en garde anecdotiques ; il s'appuyait sur les preuves tangibles et indéniables observées au bloc opératoire.

Les enseignements tirés s'étendaient au conseil aux patients. Le Dr London a constaté que le partage d'observations chirurgicales anonymisées aidait les patients à comprendre la gravité de leurs choix sans susciter ni honte ni panique. Les patients qui pouvaient visualiser les conséquences concrètes – plaques artérielles, poumons noircis, hypertrophie cardiaque – étaient plus motivés à changer leurs habitudes. Un patient avait expliqué passivement que*Il fut choqué d'apprendre que ses poumons ressemblaient à ceux d'un fumeur de tabac de longue date, alors qu'il n'avait jamais fumé de cigarettes.*Ce qui l'a incité à réduire sa consommation et à adopter des habitudes plus saines. Le fait de fournir des exemples concrets et étayés par des preuves a permis de clarifier la situation, de faciliter la prise de décisions éclairées et de souligner l'urgence d'adopter des mesures de santé proactives.

L'observation a également mis en évidence la variabilité de la sensibilité individuelle. Si certains consommateurs réguliers présentaient des dommages importants, d'autres, malgré des habitudes similaires, ne montraient que des changements modérés, soulignant ainsi le rôle de la génétique, des facteurs liés au mode de vie et des pathologies concomitantes. Cette complexité exigeait une communication nuancée avec les patients : les stratégies de sevrage et de réduction des risques devaient être personnalisées et non standardisées. Le Dr London a insisté sur le fait que même si les dommages observables semblaient minimes, le risque de dommages cumulatifs demeurait et qu'une intervention précoce offrait les meilleures chances de prévenir les conséquences graves.

Ces cas ont collectivement transformé le discours que le Dr London tenait auprès du public, des patients et de leurs familles. Les mises en garde abstraites concernant les risques cardiovasculaires, les lésions pulmonaires et l'inflammation ont fait place à des preuves cliniques concrètes, communicables avec autorité. Il a compris que la table d'opération était à la fois un laboratoire et une salle de classe, où les conséquences d'une consommation régulière de marijuana pouvaient être observées, mesurées et contextualisées. Chaque intervention chirurgicale a renforcé l'impératif d'informer, de prévenir et d'intervenir avant que les dommages ne deviennent irréversibles.

Au-delà des observations techniques, ces expériences ont enrichi la compréhension du Dr London quant au comportement humain et aux systèmes de croyances. Les patients arrivaient souvent convaincus de l'innocuité du cannabis, mais leur corps témoignait d'une tout autre réalité. Ce contraste entre perception et réalité soulignait la difficulté de communiquer efficacement en matière de santé publique : les récits culturels, l'influence des pairs et les réseaux sociaux l'emportaient souvent sur la prudence fondée sur des observations empiriques. Le bloc opératoire devenait un lieu où les mythes se heurtaient aux preuves, et où la vérité médicale ne pouvait plus être ignorée.

Au terme de ces expériences cumulées, le Dr London a compris que les leçons tirées du bloc opératoire dépassaient largement le cadre des cas individuels. Chaque patient représentait un microcosme des préjugés sociétaux, un exemple concret de la façon dont les idées reçues, la normalisation par les pairs et la désinformation pouvaient engendrer des préjudices tangibles. Son approche a évolué pour intégrer non seulement l'intervention chirurgicale, mais aussi l'éducation proactive, l'autonomisation des patients et la sensibilisation de la communauté. Il a insisté sur le fait que les preuves n'étaient pas hypothétiques ; elles étaient visibles, mesurables et convaincantes.

Les récits de poumons noircis, d'artères épaissies et de cœurs mis à rude épreuve devinrent essentiels à sa stratégie de communication. Lorsque les patients et leurs familles comprirent que les conséquences d'une consommation chronique de marijuana étaient directement observables, l'adhésion aux stratégies de sevrage ou de réduction des risques s'améliora. Un patient avait expliqué passivement que*Il a finalement agi après avoir vu des illustrations tirées d'observations peropératoires.*Cela démontre le pouvoir de motivation des preuves tangibles. La table d'opération n'était donc pas seulement un lieu d'intervention, mais aussi un catalyseur de prévention, de sensibilisation et de prise de décision éclairée.

Le Dr London a confié que ces leçons étaient aussi d'ordre personnel. Le fait d'être témoin de dommages évitables chez de jeunes patients, par ailleurs en bonne santé, a remis en question les idées reçues rassurantes que beaucoup entretenaient au sujet du cannabis. Il était impossible d'ignorer la gravité du risque cumulatif, la nature insidieuse des atteintes vasculaires et pulmonaires, ainsi que les conséquences soudaines, parfois catastrophiques. Il a reconnu la responsabilité des professionnels de santé de traduire ces observations en recommandations accessibles et concrètes pour le grand public.

En conclusion, la table d'opération l'avait fait changer d'avis à maintes reprises, au fil de dizaines de cas révélant les dangers insoupçonnés d'une consommation prolongée de marijuana. Des jeunes adultes aux poumons noircis aux patients d'âge moyen souffrant d'importantes plaques artérielles, les preuves étaient à la fois convaincantes et indéniables. Chaque cas renforçait le message essentiel de cet ouvrage : fumer du cannabis, bien que culturellement normalisé comme « bio » ou « sans danger », comportait des risques mesurables et cumulatifs pour le cœur, les poumons et le système vasculaire. L'expérience du Dr London, forgée au fil de décennies d'observation chirurgicale, est devenue le fondement d'un message empreint à la fois de force émotionnelle et de crédibilité clinique. Les leçons du bloc opératoire étaient claires : la prévention, la sensibilisation et la prise de décision éclairée étaient indispensables, et ignorer les preuves tangibles des méfaits n'était plus envisageable.

À travers ces expériences, le lecteur était invité à comprendre non seulement la physiologie du risque, mais aussi la réalité vécue de ses conséquences. La table d'opération, avec sa clarté saisissante, devenait à la fois un lieu d'apprentissage et un avertissement, illustrant que les décisions prises concernant la consommation de marijuana avaient des impacts réels, observables et parfois irréversibles sur la santé humaine. Les récits de ces patients, anonymisés mais poignants, constituaient le témoignage ultime d'une vérité : aucune substance, aussi naturelle soit-elle en apparence, n'est sans risque.

Chapitre 23 – Dernier avertissement : Pourquoi il faut y réfléchir à deux fois avant d'allumer une cigarette

C'était un soir calme à l'hôpital lorsque le Dr London, après une longue journée d'opérations, fit une pause, songeant aux innombrables cœurs et poumons qu'il avait vus fragilisés par des habitudes que la société minimisait souvent. Les images étaient encore vives dans son esprit : la mosaïque de poumons noircis, les parois artérielles épaissies, les cœurs hypertrophiés et soumis à un stress invisible. Chaque patient avait été convaincu, à un moment donné, que le cannabis était inoffensif, que sa fumée était « bio », que sa consommation ne présentait que peu de risques. Pourtant, au bloc opératoire, ces illusions volaient en éclats. La vérité était inévitable, crue et, dans bien des cas, dévastatrice. Ce dernier chapitre était sa tentative de condenser des décennies d'observation, de recherche et d'expérience clinique en un message incontournable.

Dès les premières pages de ce livre, le récit remettait en question l'idée largement répandue selon laquelle les substances naturelles étaient intrinsèquement sans danger. L'être humain a longtemps été séduit par l'idée que « naturel » ou « bio » rimait avec innocuité. Cette pensée rassurante permettait à beaucoup de justifier leurs habitudes sans en affronter les conséquences potentielles. Le cannabis a profité de ce préjugé culturel, son innocence perçue étant amplifiée par des décennies de militantisme, d'évolutions législatives et de représentation sur les réseaux sociaux. Le Dr London avait constaté que cet état d'esprit se reflétait dans les témoignages de ses patients, dans leur réticence initiale aux conseils et dans la banalisation de sa consommation, tous âges et catégories démographiques confondus. L'expérience chirurgicale avait clairement démontré que l'étiquette « naturel » n'offrait aucune protection contre les dommages physiologiques causés par la fumée, le THC et les sous-produits de la combustion.

Les poumons furent parmi les premiers organes à révéler les symptômes. De nombreux patients n'ayant jamais fumé de tabac présentaient un noircissement précoce à modéré du tissu pulmonaire après des années de consommation de marijuana. L'inflammation bronchique, l'épaississement des parois des voies respiratoires et la diminution de la compliance pulmonaire étaient des observations récurrentes. Un jeune homme d'une vingtaine d'années avait été admis suite à un léger accident cardiaque, et le chirurgien avait noté, de manière superficielle, que... *Ses poumons étaient visiblement décolorés et moins élastiques que ce à quoi on pouvait s'attendre pour son âge.*Les conséquences physiologiques étaient manifestes : diminution des échanges gazeux, toux chronique et prédisposition aux infections respiratoires. Même une consommation occasionnelle ou socialement courante comportait des risques mesurables. L'idée que l'origine organique d'une plante rendait sa fumée inoffensive a été formellement démentie par les preuves tangibles de lésions tissulaires.

Le système cardiovasculaire était tout aussi impitoyable. Au fil d'innombrables interventions chirurgicales, le Dr London avait constaté les effets subtils mais implacables du THC et de la fumée sur le rythme cardiaque, la tension artérielle et l'intégrité vasculaire. Les artères coronaires des consommateurs quotidiens présentaient souvent des dépôts de plaque, un épaississement des parois et une inflammation, même chez des patients de moins de quarante ans ayant par ailleurs une hygiène de vie saine. Un patient avait été admis pour un infarctus du myocarde soudain, révélant des artères tellement endommagées qu'un pontage coronarien avait été nécessaire. Il avait expliqué, d'un ton neutre, que*Il avait supposé que le cannabis était inoffensif car il ne fumait pas de cigarettes.*Illustrant le dangereux décalage entre perception et réalité, le cœur, tout comme les poumons, portait les marques indéniables d'un stress chronique induit par une exposition répétée à la fumée de marijuana.

Au-delà des lésions structurelles, l'impact fonctionnel sur le cœur et les poumons était profond. Les patients présentaient des arythmies, une fréquence cardiaque au repos élevée et des épisodes de palpitations souvent considérés à tort comme bénins ou liés à l'anxiété. Le Dr London avait observé que la boucle de rétroaction entre le stress mental, l'intoxication au THC et la tension cardiovasculaire amplifiait les risques. Une jeune femme admise pour une arythmie cardiaque avait révélé passivement que*Elle consommait quotidiennement du cannabis pour gérer son stress.*Elle ignorait que la substance même qu'elle utilisait pour se soulager contribuait à son instabilité cardiaque. Ces observations ont mis en lumière une vérité troublante : les bienfaits perçus du cannabis pouvaient masquer des dommages graves et cumulatifs.

Les chapitres de cet ouvrage avaient exploré les mécanismes sous-jacents à ces observations. La vasoconstriction induite par le THC, l'augmentation de la demande en oxygène, le dysfonctionnement endothélial et l'inflammation systémique n'étaient pas des termes abstraits ; il s'agissait des processus qui traduisaient les antécédents des patients en pathologies observables au bloc opératoire. Les mécanismes d'adaptation de l'organisme pouvaient compenser temporairement, mais les dommages étaient progressifs et silencieux jusqu'à ce qu'un événement catastrophique les révèle. Le Dr London a souligné que même les consommateurs asymptomatiques pouvaient présenter des atteintes cardiovasculaires et pulmonaires importantes. L'absence de symptômes immédiats n'était pas synonyme d'innocuité ; elle ne faisait que retarder l'inévitable confrontation au risque.

Les schémas observés chez les patients ont également mis en évidence les dangers d'une consommation chronique, fréquente ou à forte concentration. Le marché moderne, avec ses variétés à taux de THC élevés, a intensifié le stress physiologique sur le cœur et les poumons. Les techniques d'inhalation profonde, l'apnée prolongée et l'exposition répétée ont accru le dépôt de goudron et de particules, exacerbant l'inflammation et la tension vasculaire. Un jeune adulte a été admis pour une obstruction coronarienne débutante et des poumons noircis, malgré une consommation modérée par rapport à ses pairs. Il a expliqué passivement que… *Il privilégiait les variétés à forte teneur en THC pour des effets plus puissants.*Illustrant comment la puissance peut aggraver les dangers cachés, les observations du Dr London ont souligné la nécessité de prendre en compte la fréquence, l’intensité et le mode d’utilisation lors de l’évaluation des risques.

La dépendance et la normalisation ont encore compliqué la situation. De nombreux patients consommaient quotidiennement depuis des années, souvent sans reconnaître les symptômes de sevrage ni les signes comportementaux de dépendance. Irritabilité, anxiété, troubles du sommeil et envies irrésistibles étaient fréquemment rapportés passivement après l'arrêt de la consommation, mais l'exposition cumulative avant la prise de conscience avait déjà causé des dommages structurels et fonctionnels. Le Dr London a noté que ces schémas reflétaient les profils de dépendance observés pour d'autres substances : exposition prolongée, progression silencieuse et prise de conscience tardive des dommages. La combinaison du risque physiologique et du renforcement comportemental rendait l'éducation et la sensibilisation précoces d'autant plus cruciales.

L'influence des discours sociaux était indéniable. Les patients invoquaient souvent les réseaux sociaux, le statut légal et l'opinion de leurs pairs pour justifier leur consommation continue. Un patient d'âge mûr avait expliqué, d'un ton neutre, que*Il pensait que le cannabis était sans danger car il était légal et largement accepté parmi ses amis et collègues.*Le décalage entre légalité, acceptabilité sociale et sécurité physiologique était un thème récurrent. Le Dr London a observé que la perception du public était souvent en retard sur la réalité médicale, créant un « halo de sécurité » qui masquait les risques. Le bloc opératoire était devenu le lieu où les mythes se heurtaient aux faits, révélant des conséquences ni abstraites ni évitables.

L'éducation et la communication proactive étaient des outils essentiels de prévention. Le Dr London avait insisté sur la nécessité de traduire les observations cliniques en conseils accessibles aux patients, aux familles et aux communautés. Des explications détaillées, des supports visuels et des exemples de cas s'étaient révélés efficaces pour combler le fossé entre perception et réalité. Un jeune adulte avait expliqué passivement que*La vue d'images de poumons endommagés et d'artères épaissies, associée à une explication claire du stress cardiovasculaire, l'a motivé à réduire sa consommation.*Il a démontré le pouvoir des preuves tangibles pour influencer les comportements. Il a souligné que la prise de décision éclairée dépendait de la clarté, de l'empathie et d'une communication factuelle.

Le message principal de cet ouvrage, fruit de décennies d'observation et d'expérience clinique, était sans équivoque : la fumée de marijuana, quelle que soit son origine, présentait des risques mesurables pour la santé cardiaque et pulmonaire. Une consommation fréquente, des produits à forte concentration et une exposition prolongée amplifiaient ces dangers, tandis que la normalisation sociale et la désinformation les occultaient. Même les jeunes, souvent considérés comme peu à risque, étaient vulnérables aux arrêts cardiaques soudains, aux arythmies et aux atteintes pulmonaires. Des patients, par ailleurs en bonne santé, ne révélaient souvent des lésions structurelles sous-jacentes qu'au moment de la nécessité d'une intervention chirurgicale. Il ne s'agissait pas de risques hypothétiques ; ils étaient réels, mesurables et pouvaient bouleverser leur vie.

Le Dr London a réfléchi au poids émotionnel de ces expériences. Les chirurgiens sont formés pour réparer, stabiliser et préserver la vie, mais l'exposition répétée à des lésions évitables avait une résonance profondément troublante. Chaque patient incarnait une histoire de progression silencieuse, de préjugés culturels et de reconnaissance tardive du préjudice. Des familles qui avaient ignoré les avertissements pendant des années se sont soudainement retrouvées confrontées à une réalité brutale au bloc opératoire. La confrontation entre les attentes et le résultat a renforcé l'urgence de la prévention et de la sensibilisation.

Dans son ultime avertissement, le Dr London a insisté sur l'importance d'un choix éclairé. Chaque individu a le droit de comprendre les risques et de prendre des décisions, mais ces décisions doivent reposer sur des preuves et non sur des idées reçues. L'attrait des affirmations naturalistes, des tendances sociales et de la légalité ne saurait occulter la vérité physiologique. Le corps humain réagit à l'exposition à la fumée et au THC de manière mesurable et cumulative, et la connaissance de ces effets est indispensable à une prise de décision responsable.

Pour ceux qui avaient déjà commencé à consommer du cannabis, le Dr London les a encouragés à réfléchir à la fréquence, à la puissance et au mode de consommation. Réduire l'exposition, adopter d'autres stratégies d'adaptation et consulter un médecin étaient des mesures proactives permettant d'atténuer les risques. Un patient avait expliqué passivement que*Il a modifié sa routine pour privilégier sa santé, en intégrant de l'exercice et en réduisant la fréquence de ses inhalations.*Cela démontre qu'un ajustement conscient peut avoir une influence positive sur les résultats. La prévention ne se limite pas à l'abstinence ; elle consiste à comprendre et à gérer le risque de manière réfléchie et éclairée.

La dimension sociétale était tout aussi cruciale. La perception du public, l'influence des pairs et la représentation médiatique ont façonné les habitudes et normalisé l'usage, minimisant souvent les risques. Le Dr London a plaidé pour une éducation rigoureuse et scientifiquement fondée, accessible à tous, insistant sur la nécessité de corriger les idées fausses et de présenter des preuves tangibles et cliniquement étayées. Les communautés, les familles et les professionnels de santé partageaient la responsabilité de communiquer la réalité des risques de manière claire, empathique et cohérente.

Alors que les dernières lignes de cet ouvrage prenaient tout leur sens, le Dr London a réaffirmé le message essentiel : la santé cardiovasculaire et pulmonaire est un aspect fondamental du bien-être, et la fumée de marijuana représente une menace réelle et cumulative. Les preuves, issues de décennies d'observation chirurgicale et étayées par la recherche, ne laissent que peu de place au doute. La décision de fumer n'est pas un simple choix personnel ; elle peut avoir des conséquences à long terme sur l'intégrité cardiovasculaire, la fonction pulmonaire et la qualité de vie en général.

Les lecteurs étaient invités à la prise de conscience, à la réflexion et à l'action. Il ne s'agissait ni d'une admonestation morale, ni d'un appel à la peur, mais de la présentation d'une réalité incontestable. La salle d'opération avait révélé une vérité souvent occultée par les discussions informelles, les encouragements des pairs ou la normalisation sociale : la fumée, quelle que soit son origine, avait des conséquences mesurables. Cœurs mis à rude épreuve, poumons fragilisés, artères enflammées : tels étaient les signes visibles d'une substance largement considérée comme inoffensive.

Le Dr London a conclu par un message direct et urgent : réfléchissez bien avant de consommer du cannabis. Prenez connaissance des preuves, comprenez les risques et fondez vos décisions sur la science plutôt que sur des idées reçues. La prévention, la modération et un choix éclairé sont essentiels pour une bonne santé à long terme. Chaque bouffée, chaque séance, a des effets cumulatifs qui peuvent se manifester des décennies plus tard, voire provoquer des événements soudains et potentiellement mortels. La prise de conscience est la première ligne de défense ; la prise de décision éclairée est la suivante.

En définitive, le livre s'achevait sur un appel à la responsabilité : envers soi-même, envers ses proches et envers la communauté. Le mythe de l'innocence innée avait été déconstruit par l'observation, la recherche et l'expérience vécue au bloc opératoire. L'avertissement final du Dr London était clair, concis et incontournable : les conséquences d'une consommation régulière de marijuana étaient réelles, mesurables et potentiellement dévastatrices. Les lecteurs étaient invités à prendre le temps de la réflexion, à examiner les faits et à privilégier leur santé cardiovasculaire et pulmonaire à long terme plutôt que les idées reçues ou les modes passagères. La décision de fumer du cannabis, insistait-il, ne devait jamais être prise à la légère.

Le chapitre s'achevait sur une note calme et introspective, invitant le lecteur à méditer sur les preuves tangibles, les témoignages de patients et la vérité crue des effets néfastes de la fumée sur le corps humain. Des choix éclairés, fondés sur la réalité médicale, étaient la voie vers la protection, la longévité et le bien-être. L'avertissement final était simple, mais profond : réfléchissez-y à deux fois, informez-vous pleinement et choisissez judicieusement. Chaque inhalation avait des conséquences, et il était urgent d'agir en toute conscience.

LA FIN

www.ingramcontent.com/pod-product-compliance
Lightning Source LLC
LaVergne TN
LVHW060219051026
849517LV00005B/1451
* 9 7 9 8 2 9 5 4 6 3 6 6 2 *